Joseph Ducray

140 ans plus tard

© 2021 Joseph Ducray
Édition : BoD – Books on Demand, info@bod.fr
Impression : BoD – Books on Demand,
In de Tarpen 42, Norderstedt (Allemagne)
Impression à la demande

Illustration/Couverture : Joseph Ducray

ISBN : 978-2-2322-4418-46
Dépôt légal : Septembre 2022

Sommaire

Introduction

13. Quels sont les causes et les conséquences de la déclaration Balfour de Novembre 1917 ?

Résumé de la période : 1918-1949

14. Comment le Yichouv préfigure-t-il l'État d'Israël ?

15. Qu'est-ce que la grande révolte arabe de Palestine (Fin 1935-1939) ?

16. Pourquoi l'*Alyah* en Israël est-elle indispensable au projet sioniste ? *Alyah* = 'montée'

17. Le Yichouv avait-il une armée ?

18. Comment la politique britannique réussit-elle à mécontenter Juifs et Arabes ?

19. Pourquoi les Britanniques sont-ils des cibles des organisations paramilitaires juives ?

20. Comment le plan de partage de l'ONU en 1947 envisage-t-il le sort des populations juives et arabes ?

21. Quelles sont les caractéristiques de la guerre civile judéo-palestinienne (30 Novembre 1947- 15 Mai 1948) ?

22. Quels sont les aspects de la déclaration d'indépendance du 14 Mai 1948 ?

23. Qu'est-ce la Première guerre Israélo-Arabe de Mai 1948 - Avril 1949 ?

24. Le jeu des frontières. Qu'est-ce que la ligne Verte ?

25. Pourquoi le premier gouvernement palestinien proclamé en 1948 ne s'impose-t-il pas ?

26. Que supposent le Droit au retour et la Loi du Retour ?

Résumé de la Période : 1949-1967

27. Pourquoi parle-t-on d'un exode des juifs orientaux ?

28. Comment Israël accueille-t-il les migrants juifs ?

29. Que veulent dire les termes suivants : Arabe, Arabe de Palestine, Juifs Palestiniens, Nakba, Fedayin, Intifada, Palestiniens, Israéliens ?

30. Comment l'ONU a-t-elle pris en charge les réfugiés palestiniens ?

31. Quelle est la situation des palestiniens sous autorité égyptienne ?

32. Pourquoi la nationalisation du Canal de Suez fut-elle suivie d'une crise ?

33. Les Arabes israéliens sont-ils des citoyens de seconde zone ?

34. Israël, un État communautaire ?

35. Quelle place pour les Bédouins israéliens ?

36. Quelle place pour l'exode des juifs orientaux dans l'histoire israélienne ?

37. Qu'est-ce que la **guerre des Six Jours** (5-10 Juin 1967) ?

38. Comment la guerre des Six Jours a-t-elle fracturé politiquement la société israélienne ?

39. En quoi la résolution 242 est-elle révélatrice des mécanismes politiques ?

Résumé de la période : 1967 - 1991

40. Quels relations entre la Jordanie et la Cisjordanie ?

41. Le « camp de la paix » est-il toujours présent ?

42. Qu'est-ce que le mouvement « La Paix maintenant », *Shalom Akhshav* ?

43. Qui doit faire son service militaire en Israël ?

44. Comment s'organise la défense israélienne et quel est son poids économique ?

45. Quels musées pour les mémoires israéliennes et palestiniennes ?

46. Quelle est la situation des palestiniens en Cisjordanie et à Gaza à l'issue de la guerre des Six Jours ?

47. Qu'est-ce que l'Organisation de Libération de la Palestine ?

48. Comment l'indépendance nationale palestinienne s'est-elle construite ?

49. Que supposent les chartes de l'OLP de 1964 et 1968 ?

50. Comment les états arabes ont-ils instrumentalisé les organisations concurrentes du Fatah ?

51. Quels ont été les aboutissants de la lutte armée menée par l'OLP ?

52. Comment l'OLP s'est-elle imposée auprès des réfugiés cisjordaniens ?

53. Quelle est la situation des réfugiés palestiniens au Liban ?

54. Pourquoi Israël mène-t-il l'opération *Paix en Galilée* au Liban ?

55. Quels rôles jouent les réfugiés palestiniens dans les États du Golfe (Koweït, Qatar, Arabie Saoudite) ?

56. Pourquoi les membres de l'OLP ont-ils été chassés de Jordanie en Septembre 1970 ?

57. Comment l'OLP a-t-elle été reconnue comme étant le représentant légitime du peuple palestinien ?

58. Qu'est-ce que la guerre de Kippour ?

59. Quels étaient les vrais objectifs de Sadate avant la signature de Camp David I ?

60. Pourquoi les accords de Camp David ont eu un impact prépondérant ? (Suite)

61. Quels enjeux démographiques pour les palestiniens et les arabes israéliens ?

62. Pourquoi le Plan Reagan en 1982 n'aboutit pas ?

63. Quel était le but des opérations *Moïse* et *Salomon* ?

64. Pourquoi les Russes israéliens constituent-ils une minorité influente ?

65. Que représentent les « implantations » ou « colonies » en Cisjordanie et à Gaza ?

66. Jérusalem, Tel-Aviv, quelle est la capitale d'Israël ?

67. Que représentent les « implantations » ou « colonies » à Jérusalem-Est ?

68. Nationalisme Arabe, nationalisme palestinien : quelles différences ?

69. Qu'est-ce que la première Intifada / *La Guerre des pierres* ?

Résume de la période : 1991 – Aujourd'hui

70. Comment en-est-on arrivé aux accords d'Oslo ?

71. Que prévoient les accords-cadres signés à Oslo ?

72. Pourquoi l'Autorité Palestinienne est-elle critiquée dès ses premières années ?

73. Comment l'évolution du conflit a-t-elle modifié l'activité politique des Arabes israéliens ?

74. Qu'est-ce que la deuxième Intifada / *Intifada Al-Aqsa ?*

75. Les retraits israéliens des territoires palestiniens sont-ils facteurs de paix ?

76. « Barrière de sécurité », « Mur de séparation » ?

77. Pourquoi les résolutions onusiennes restent-elles inefficaces ?

78. Quelles sont les mesures de répression utilisées par Israël contre les palestiniens ?

79. Quelle est l'originalité de la troisième Intifada / *Intifada des couteaux* ?

80. La résistance passive est-elle autre chose qu'une forme protestataire ?

81. Pourquoi l'eau et la pêche sont-ils source de tensions entre palestiniens et israéliens ?

82. Quelle est l'origine du mouvement islamiste à Gaza ?

83. Comment le Hamas s'est-il à ses débuts imposé à Gaza (1987 -2006)?

84. Comment la Bande de Gaza est-elle devenue le « *Hamastan* » (2006 – Aujourd'hui) ?

85. Quelles sont les trois opérations menées par l'armée israélienne en 2008, 2012, et 2014 ?

86. En quoi la démocratisation inachevée de l'Autorité palestinienne est-elle un frein à la résolution du conflit ?

87. Le conflit israélo-palestinien est-il passé au second plan ?

88. En quoi la succession de Mahmoud Abbas est-elle problématique ?

89. La Jordanie aide-t-elle les palestiniens de Cisjordanie ?

90. La Bande de Gaza, un territoire sous blocus ?

91. Le projet national palestinien est-il en crise ?

92. Une autre solution que la solution à deux État peut-elle voir le jour ?

93. Quels sont les problèmes auxquels fait face la solution à deux États ?

94. Pourquoi l'Autorité Palestinienne souhaite-elle obtenir la reconnaissance internationale d'un État ?

95. Pourquoi les États-Unis et Israël entretiennent-ils une « relation spéciale » ?

96. Qu'en est-il de la position française dans le conflit israélo-palestinien ?

97. Quelle a été l'influence de Trump sur le conflit israélo-palestinien ?

Je tiens ici encore à souligner que la formulation des questions présentées dans ce papier est inspirée du travail de l'historien Jean Claude Lescure : 100 Questions sur le conflit israélo-palestinien. Pour vous expliquer un peu le cheminement, j'ai à l'issue de cette lecture décidé de poursuivre sur d'autres récits qui relatent du même sujet, pour en faire finalement un essai adoptant une forme et un fond qui puisse être respectivement claire et concis. Je ne prétends pas être historien, ni avoir les compétences du métier. Je suis simplement quelqu'un d'intéressé qui en cette période de pandémie a trouvé un moyen de s'extirper de sa condition.

Introduction

La question est posée. Qui peut prétendre convaincre une mère ayant perdu son enfant ?

« *Mon rêve le plus fou serait de redonner du sens au mot* », disait l'autre. Cette phrase, outre sa beauté, vise à faire comprendre que dans une période où l'heure n'est plus à la réflexion, mais à la pulsion, l'impact du mot, par le délitement de son sens, perd de sa valeur.

Pour le sujet que nous allons aborder, il faut toutefois prendre conscience que les mots pèsent leurs poids. Deux termes, qui reflètent les mêmes réalités tangibles, peuvent représenter des opinions philosophiques, politiques, ou idéologiques bien distinctes. Ce qui peut de surcroit, à tort, entraîner aux yeux de la majorité une prise de position avouée. Les lucides frémiront, mais je tiens d'emblée à le préciser, ce n'est pas le but de ce papier. Je ne suis ni historien, ni politique, ni militant. L'objectif n'est pas de prendre une position concrète pour un partie ou un autre, acte vide de sens et intrinsèquement contre-productif aux yeux de celui qui ne pense pas comme soi. Mais plutôt de faire comprendre en quoi la malheureuse polarisation des positions est caractéristique du sujet.

La plupart le savent sûrement, les mots « Palestine » et « Israël » sont en effet deux termes pour lesquels une simple définition ne pourrait décrire ce qu'ils impliquent. Ce conflit centenaire fait appel à nos convictions, parfois à nos identités. Dans notre vie sociale publique (ou dans certains cas privés), nous sommes souvent réticents à l'idée d'évoquer ces mots à la fois silencieux et bruyant, car on sait qu'ils supposent des problématiques complexes et conflictuelles. C'est ainsi qu'au fil des années, de par notamment l'importation du sujet dans divers confins du monde, les termes ont pris une dimension sacrée qui nécessite de les remettre en perspective. D'une part pour désacraliser le sujet, ce qui constitue déjà un immense pas. D'autre part, et si cela est souhaité, pour en parler consciencieusement et mettre de côté le manichéisme de certains. Ce qui, disons-le, n'est pas toujours aisé à l'heure des tweets et des réseaux sociaux.

Le sujet est épineux et sensible, c'est un fait. Donc au-delà de ceux qui visent à convaincre les convaincus, n'oublions pas qu'une forme appropriée doit précéder le fond revendiqué, quel qu'il soit.

N'étant pas historien, une précision doit être faite sur la méthode utilisée. J'ai parfois lu des ouvrages qui avaient une interprétation drastiquement différente d'un même élément tel que la déclaration Balfour de 1917. J'ai donc essayé de donner les différentes interprétations pouvant être faite, et j'ai si besoin tranché avec le livre du Journaliste Anglais Ian Black, « Ennemies and Neighbours: Arabs and Jews in Palestine and Israël, 1917-2017 ».

Acclamé par les journaux internationaux, l'ouvrage a la vertu de dépeindre les multiples perceptions israéliennes et palestiniennes. Il m'a donc servi de référence, et j'ai moi aussi tenté, dans une perspective bien moindre évidemment, de faire comprendre la vision de l'autre. Évidemment, cela reste un travail de vulgarisation.

Pour ce qui est de la forme, j'ai essayé de permettre aux questions d'être lues indépendamment tout en essayant d'appliquer à l'ensemble une ligne chronologique. Certaines informations seront donc répétées. Chaque partie est composée d'un résumé de présentations qui se trouve au début, et qui peut servir de transitions d'une partie à l'autre.

J'espère dans un premier temps avoir été clair. Tout en ayant permis de comprendre dans un second les tenants, les aboutissants, et les revendications des deux camps.

Bonne lecture !

Point Chronologique

1000 av J.C :
- Construction du 1er temple sacré par Salomon sur le Mont Moria à Jérusalem

587-586 av J.C :
- Destruction du 1er Temple par les Babyloniens.

538 av J.C :
- Début de Construction du 2nd Temple par Zorobabel.
- Il sera achevé en - 417 avant d'être largement agrandi par le roi juif Hérode

70 :
- Après s'être emparé de la ville sainte en 63, l'Empereur Romain Titus mate les révoltes juives et détruit le 2nd Temple

132-135 :
- Les révoltes du révolutionnaire juif Bar Kokhba sont écrasés
- La province est désormais nommée province de Palestine

638 :
- Le Calife Omar s'empare de Jérusalem.
- Le dôme du Rocher y est construit en 685.
- La mosquée al-Aqsa y est construite en 705.

1. Pourquoi la ville de Jérusalem est-elle sainte chez les Juifs ?

- *Dans la religion*

o On apprend dans l'ancien Testament que Dieu a créé l'homme dans le Saint des saints, sur le Mont Moria, situé à Jérusalem. Après un dialogue avec Dieu, Abraham, qui habite sur le Mont Moria, est contraint de sacrifier son fils Yitzhak pour justifier sa foi. Dieu le retient au dernier moment et Abraham sacrifie finalement un bélier. De par, entre autre, ce sacrifice et le lieu du Saint des saints, le Mont Moria et de surcroît Jérusalem deviennent sacrées. En 1000 ans av. J.C, le Roi David installe la capitale du royaume juif à Jérusalem, située en province de Judée, et son fils Salomon y construit le Premier Temple sur le Mont Moria. Après la destruction du Second Temple en 70, les Juifs sont expulsés. Débute alors une longue période d'exil, et par la suite est prononcé chaque année lors des fêtes de Pessah – la pâque juive - « *L'an prochain à Jérusalem !* ».

- *Babyloniens et Romains*

o En 597 av. J.-C., le roi babylonien Nabuchodonosor II s'empare de Jérusalem, détruit le 1er temple, et réduit en esclavage les Juifs emprisonnés. Mais l'empire Babylonien disparaît 60 ans plus tard. Après une période d'exil, les Juifs reviennent en terre de Judée et Zorobabel - Roi des Juifs - reconstruit en 536 av. J.-C. le 2nd Temple sacré. Ce second temple sera par la suite détruit par Titus - empereur romain - en 70, et son successeur Hadrien romanisera la ville. Les Juifs ont dès lors un accès restreint au Mont Moria, se dispersent, c'est le début de la diaspora.

Détruit par la bataille de Jérusalem, la seule chose qu'il reste du second temple juif est un mur, aussi connu chez les Juifs sous le nom de « Mur des Lamentations ». Encore présent aujourd'hui dans la vielle ville de Jérusalem, des centaines de milliers de Juifs y affluent chaque année pour y prier. Il reste aujourd'hui le 1er lieu Saint du Judaïsme.

o Étant la ville qui regroupe le « Mur des lamentations », le Dôme du Rocher ainsi que la Mosquée al-Aqsa, et le Saint-Sépulcre, ce carrefour où se rejoignent les 3 religions monothéistes principales occupe ainsi une place prépondérante dans ce conflit.[1]

---

[1] La source des cartes est donnée à la fin, dans l'ordre des questions

Vieille ville de Jérusalem

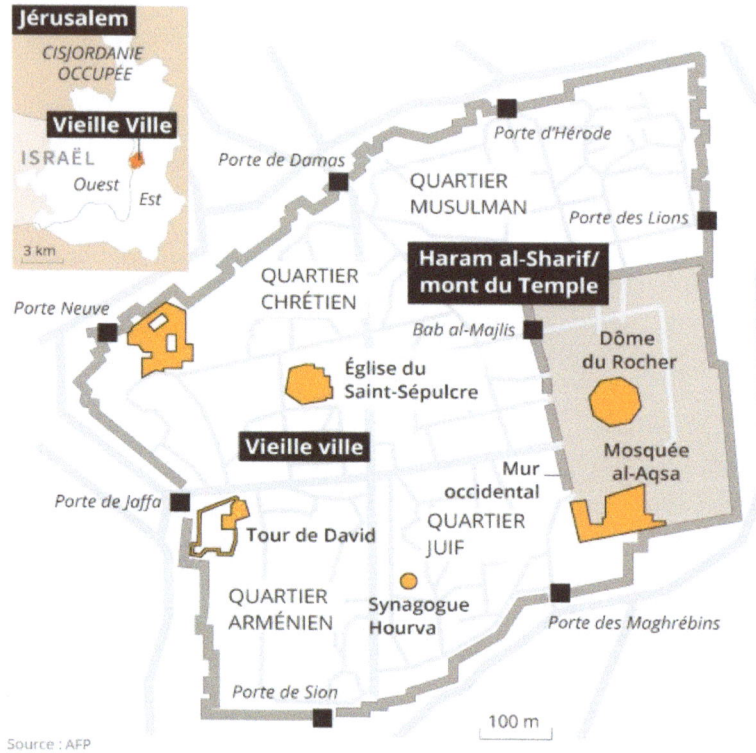

Jérusalem

CISJORDANIE OCCUPÉE

Vieille Ville

ISRAËL

Ouest

Est

3 km

Porte de Damas

Porte d'Hérode

QUARTIER MUSULMAN

Porte des Lions

Haram al-Sharif/ mont du Temple

Porte Neuve

QUARTIER CHRÉTIEN

Bab al-Majlis

Dôme du Rocher

Église du Saint-Sépulcre

Vieille ville

Mosquée al-Aqsa

Porte de Jaffa

Mur occidental

QUARTIER JUIF

Tour de David

QUARTIER ARMÉNIEN

Synagogue Hourva

Porte des Maghrébins

Porte de Sion

100 m

Source : AFP

M꒦E

2. Jérusalem, une ville sainte mais controversée chez les chrétiens ?

o Jérusalem abrite la basilique du Saint Sépulcre qui regroupe le *Golgotha* (lieu de la crucifixion), et le tombeau du Christ.

- *Le Saint-Sépulcre : un lieu de divisions*

o En 1054, ce qu'on appelle le Grand Chiisme d'Orient sépare l'Europe chrétienne en deux camps : à l'Ouest les chrétiens catholiques, à l'Est les chrétiens orthodoxes. La scission a les effets d'un séisme, et ce n'est qu'un millénaire plus tard, en 2016, que les représentants des deux communautés finissent par se rencontrer. Ces divisions feront progressivement perdre aux chrétiens leur pouvoir au Moyen-Orient.

o Dans une (très) large mesure, cette crise pontificale mène, en 1852, à la répartition des parties communes entre les différentes Églises chrétiennes (orthodoxes, arménienne, romaine, etc.).Un statut quo implicite est instauré, et finit par être ratifié officiellement dans le droit international par le traité de Berlin en 1878. Toujours d'actualité, il désigne d'ailleurs la France comme le représentant du Saint-Siège, et lui donne le rôle de protecteur officiel des catholiques de l'Empire Ottoman jusqu'en 1922.

o Pour revenir au lieu saint chrétien, il y a en tout 6 églises principales et chacune possède une partie de la basilique. L'Église catholique Latine a par exemple le monopole de la Chapelle de Crucifixion; l'église grecque Orthodoxe contrôle le *Katolikon,* tandis que l'église arménienne contrôle les cryptes de St-Hélène, etc…

- *Leur rôle dans le conflit*

o Malgré des tensions qui ont largement perduré, les chrétiens ont dans l'ensemble été minoritaires au sein du territoire. L'accès au Saint-Sépulcre ne leur a jamais vraiment été interdit, et mis à part l'impact politique (minime) des chrétiens israéliens, ils n'ont jamais tenu un grand rôle dans les relations israélo-palestinienne ou israélo-arabe en générale. Le pape s'en tient à des appels à la paix lors des périodes de fortes tensions comme en 2014, et reconnaît en 2015 l'État de Palestine.

- *Pourquoi ?*

o Le *régime de capitulation* – une puissance étrangère s'arroge la protection d'une minorité dans un pays étranger – a permis aux puissances telles que la France ou la Russie de s'octroyer la protection des catholiques et des orthodoxes de l'Empire Ottoman. Les ressortissants pouvait ainsi se faire juger par les consuls de leur pays protecteur et non par la justice ottomane.

Insidieux, ce régime a notamment permis l'implication des puissances européennes en mesure de se faire des alliés intérieurs, et par conséquent l'européanisation de l'Empire Ottoman ; ce qui n'a mécaniquement pas permis la construction d'une entité chrétienne ottomane indépendante.

Cette politique non-interventionniste prend donc place

car le regard porté par les chrétiens sur Jérusalem diffère largement de celui des deux autres monothéismes. Malgré ses incarnations religieuses importantes, aucun état, aucun peuple et aucune entité chrétienne ne revendiquent son contrôle ou sa souveraineté sur le territoire, ce qui n'est pas le cas des deux autres.

3. Pourquoi la ville de Jérusalem est-elle sainte chez les musulmans ?

- *Histoire*

o On apprend dans le Coran que l'Archange Gabriel et le Prophète Mahomet partent de la Mecque pour se rendre à la « Mosquée éloignée », la mosquée *Al-Aqsa*, située à al-Quds al- Sharif, « la Sainte et la Noble » ville de Jérusalem. Le chemin se fait sur sa jument ailée al-Buraq, qui lui permettra de prendre appui sur le rocher de la Moria pour s'élancer et rejoindre les cieux.

- *L'Esplanade des Mosquées*

Jérusalem est conquise en 638 par le Calife Omar. Son successeur, le calife ʿAbd al-Malik y construits *Qubbat as-Sakhra*, le Dôme du Rocher, en 691. Puis en 705, *Al-Masjid al-Aqsâ,* la mosquée Al-Aqsa. Les deux lieux saints sont construit sur l'ancien Mont du Temple qui devient ainsi l'Esplanade des Mosquées. L'esplanade comprend donc le dôme du Rocher et la mosquée Al-Aqsa.

o Le 7e siècle passé, la ville reprend de l'ampleur au sein du monde musulman avec la victoire de Saladin sur les croisades en 1187 et la reconstruction des lieux saints par Soliman le Magnifique en 1517. Mais sous le poids que prennent la Mecque et de Médine au sein de l'Ouma, son importance reste relative jusqu'à l'aube des conflits entre arabe et sionistes. Après le fameux pèlerinage de Nabi Musa en 1920 qui fut le théâtre de multiple émeutes, l'avènement du Grand Mufti de Jérusalem Haj-Hamin al Husseini permet à la ville de retrouver son caractère sacré. Et ce notamment par l'appel appel de fonds lancé en 1923, destiné aux musulmans du monde entier, et visant à restaurer les lieux saints.

- *Conceptions/consensus*

o L'importance donnée à Jérusalem varie toutefois selon les mouvances islamiques sunnites notamment. Les Wahhabites/Salafistes privilégient et considèrent unilatéralement la Mecque comme lieu de pèlerinage, tandis que d'autre comme les Frères Musulmans Égyptiens donnentune place à Jérusalem. Mais malgré les divergences, la ville bénéficie aujourd'hui d'un consensus au sein de la communauté des croyants. Jérusalem reste en effet perçue comme un centre spirituel constituant le 3e lieu Saint de l'Islam, de par le Dôme du Rocher et la MosquéeAl-Aqsa. L'Esplanade des Mosquées dans son ensemble demeure donc un symbole religieux central.

4. Pourquoi les Romains ont-ils chassé les Juifs de Jérusalem ?

o Pompée (empereur romain) s'empare de la Syrie et de Jérusalem en 63. Il laisse au *Grand Sanhédrin* (cour suprême Juive) les questions judiciaires et religieuses qui concernent le peuple juif.

- *Les deux guerres judéo-romaine*

o Mais des heurts se créent entre les élites (juifs grecs) et les milieux populaires (juifs plus conservateurs), par rapport à l'opinion portée sur la présence Romaine.

En 66, les Romains désirent prélever leurs impôts directement sur les trésors du 2nd Temple, cequi conduit les juifs de Jérusalem, de Galilée et de Judée, à former un front commun pour lutter. C'est la première guerre judéo-romaine. Elle se solde par une victoire des Juifs et une bataille qui la symbolise : la bataille de Beït-Horon. L'empereur Titus à son arrivé renverse toutefois la tendance. Après une bataille féroce en 70,la ville est majoritairement détruite bien qu'elle laisse pour vestige le « Mur des Lamentations », dernière pièce du 2nd Temple sacré juif détruit.

o En 130, Hadrien (successeur de Titus) entend reconstruire la ville détruite et y construit un nouveau temple, lui aussi sacré, mais le célébrant lui et Jupiter.

Considéré comme un affront, en 132 le révolutionnaire juif Bar-Kokhba tente de reprendre Jérusalem des mains des Romains. Les révoltes sont toutefois peu efficaces et ne parviennent pas à atteindre la ville sainte. Bar-Kohba est finalement écrasé en 135 toujours par le même empereur Hadrien, qui, désireux de les sanctionner, interdit la venue de Juifs en Judée, une terre qu'il renomme alors Province de Palestine. C'est aussi à partir de 135 que s'amorcera la reconstruction de la ville par l'empereur, ville qu'il renommera d'ailleurs Aelia Capitolina en référence à son nom complet : Titus Aelius Hadrianus, et aux dieux du Capitol Romain.

- *D'où vient le mot Palestine ?*

o Le mot Palestine vient du terme Philistine, une région côtière situé autrefois au Nord et Sud de Gaza. Il fait référence aux Philistins, terme que les romains attribuent en guise de punition pour le peuple de Judée[2] ; les Philistins représentent un peuple avec qui les juifs furent en conflit maintes et maintes fois. Pour donner un exemple, dans la Bible et le Coran est racontée l'histoire du second roi David et de son combat avec le héros des Philistins, Goliath.

---

[2] Lewis, B., 1980. *Palestine: On the History and Geography of a Name.* The International History Review, 2(1), pp.2. La phrase originelle est : "L'usage romain officiel du nom de Palestine pour désigner la région de l'ancien royaume juif semble dater d'après les révoltes juives et leur répression. L'empereur Hadrien a tenté avec détermination d'éteindre les braises non seulement de la révolte, mais aussi de la nation et de l'état juifs."

5. En quoi l'archéologie est-elle un enjeu entre Israéliens et Palestiniens ?

o La culture nationale Juive et l'idéologie sioniste reposent en partie sur les trouvailles archéologiques. Objet de mémoire, l'archéologie permet de se remémorer l'histoire juive millénaire, et donc pour ceux qui se revendiquent comme sionistes, le caractère juif de l'État d'Israël.

- *Jérusalem-Est, 1967*

o En 1967, après la guerre des Six-jours [Q.37], les images de soldats de Tsahal priant sur le Mur des Lamentations font le tour du monde. À la suite de cette victoire, la prise de la Cisjordanie par les Israéliens anime la curiosité concernant la découverte des lieux Saints de la Torah, les juifs n'ayant pas eu accès à ces lieux depuis deux décennies. Ces retrouvailles avec le Mur permettront en partie aux Israéliens de construire en 1974 un parc National qui entoure la vieille Ville de Jérusalem – où se situent les lieux saints, toujours présent de nos jours. L'accès au mur fait toutefois polémique puisqu'il supposera de détruire les maisons palestiniennes présentes.

- *Tensions*

o En 1996, l'ouverture d'un tunnel reliant le Mur Occidental et les quartiers musulmans, par Benyamin Netanyahou, crée des heurts et des morts à la fois palestiniens et israéliens. Le *Waqf de Jérusalem* (entité qui administre les lieux saints Musulmans à Jérusalem) limite donc l'accès des fonctionnaires israéliens à l'Esplanade. Il décide dès lors de mener des travaux sur les écuries du Roi Salomon et sous la Mosquée al-Aqsa en 1999, en vue notamment de détruire les preuves du caractère juif de l'endroit. Les travaux finissent alors par s'effectuer, mais en 2004 les décombres sont retrouvés par des archéologues israéliens. Ils s'avéreront être des objets préhistoriques : tessons, monnaies, carrelages de marbre datant du premier temple sacré juif.

o Mêlant le religieux et le politique, le tangible et le spirituelle, Jérusalem ne cessera d'être un objet de contentieux entre palestiniens et israéliens, et plus largement entre arabes et juifs.

6. Comment la diaspora juive a-t-elle évolué au cours du temps ?

- *Ashkénazes/Séfarades*

o Après la destruction du 2nd temple par Titus, puis avec les nombreuses persécutions faites au cours de l'histoire, c'est en diaspora que le judaïsme a survécu. Refaire l'histoire de cet éparpillement à travers le monde serait toutefois trop long. Ce qu'il importe de savoir, c'est que les Juifs se sont majoritairement retrouvés dans les pays de l'Est : Hongrie, Russie, etc... C'est la communauté ashkénaze. Et dans les pays de la péninsule ibérique, du Maghreb, ou du Moyen-Orient, c'est la communauté Séfarade.

- *Regroupement*

o Contrairement à la période précédant le 20e siècle, les Juifs sont cependant moins dispersés à travers le monde. Après les pogroms d'Europe de l'Est de la fin du 19e qui conduisent au développement de la communauté Juive des États-Unis, la Shoah, qui provoque la mort des Juifs des pays de l'Est - ou au mieux leurs départs, et finalement l'exode des juifs orientaux qui suit l'exode Palestinienne, les juifs se regroupent majoritairement aux États-Unis et en Israël (85 % au total), et plus généralement dans les métropoles occidentales. C'est ainsi que New York et Los Angeles concentrent à eux seuls 20 % des juifs dans le monde (les États-Unis représentent en tout 40 %), Israël concentre 45 % de la population totale, tandis que le reste se réparti majoritairement entre la France, le Royaume Uni, le Canada, l'Argentine et la Russie, qui comportent tous en leur sein une communauté de plus de 200 000 habitants.

- *Idée reçue*

o Certes, pour toute communauté, le sentiment diasporique peut être fort, mais le lien existant entre des communautés de l'actuelle diaspora et le gouvernement israélien peut parfois se distendre. Les Juifs Américains par exemple, démocrate pour la plupart, ne se reconnaissent pas dans les volontés de Donal Trump et du dirigeant israélien Benyamin Netanyahou qui s'inscrivent dans la politique du Goush Emounim (expansionniste).

7. Mur occidental, mur des Lamentations, mur du *Burâq* : quelles différences ?

- *Les mêmes pierres*

o Le Mur des Lamentations, le Mur Occidental, et le Mur du *Burâq,* désignent le même mur, les mêmes pierres, mais pas les mêmes représentations. Le conflit autour du nom est bien représentatif de la place des mots au sein des revendications.

o *Mur des Lamentations* : lieu le plus proche du rocher de la Moria ou Abraham fut en présence de Dieu. C'est aussi le dernier vestige du 2nd Temple, d'où son importance pour les Juifs qui le considèrent comme le 1er lieu saint du judaïsme.

Après l'arrivée des Jordaniens en 1948, l'accès au mur est restreint aux juifs. Le mur sacré est alors utilisé comme une déchetterie, bafouant ainsi l'intégrité des religions juive et musulmane. Cela dure jusqu'en 67, année de la guerre des Six Jours à l'issue de laquelle l'état israélien reprend le contrôle de Jérusalem-Est, puis détruit les latrines ainsi qu'une partie des maisons pour dégager l'accès au mur.

o *Mur du Burâq* : Al-Burâq est le nom de la monture utilisée par Mahomet lors de son voyage nocturne de la Mecque vers la Mosquée Al-Aqsa. Ayant attaché cette monture sur le mur, avant de s'envoler vers les cieux depuis le rocher de la Moria, l'édifice est considérée comme étant sacrée.

- *La polémique de l'UNESCO*

o Un conflit autour du nom du mur apparaît notamment en 2016 lorsque l'UNESCO adopte une résolution controversée, dans laquelle elle désigne ce fameux mur comme étant le « Mur du Burâq »- excluant ainsi le caractère juif - au lieu de l'expression « Mur Occidental » qui elle permet d'être impartiale. Étant une organisation internationale, sa prise de position n'a pas été acceptée par les instances internationales comme l'ONU puisqu'elle ne visait pas à favoriser la paix, et a donc créé la polémique. Les États-Unis et Israël finiront par quitter officiellement l'organisation en Décembre 2018, en raison selon eux de ses résolutions « anti-Israël », même si des liens seront conservés. Cela reste un geste politique.

Résumé de la période : 1881-1917

Nous pourrions démarrer l'histoire au début du 19ᵉ voir avant, l'année 1881 n'est qu'un symbole.

Entre 1881 et 1884, des dizaines de milliers de Juifs issus des pogroms de Russie arrivent en Province de Palestine, territoire situé au sein de l'empire Ottoman. Ces Juifs restent toutefois minoritaires puisque de 1881 à 1914, seulement 50 000 à 70 000 d'entre eux arrivent au sein du territoire. La plupart décident en effet de fuir plutôt vers les États-Unis, renforçant ainsi considérablement le poids démographique de la communauté locale du pays. À leur arrivée en province de Palestine, les arrivants s'installent progressivement en achetant des terres visant à une autosuffisance. Ce rachat massif est permis par la mise en application du code foncier ottoman de 1858 permettant l'achat de terre auprès de particuliers, et sera à l'origine des premières tensions entre sionistes et locaux. De par une présence qui restera faible jusqu'en 1917 - il y a autant d'arrivée que de départ entre 1881 et 1914 - les Arabes, parmi lesquels on compte une majorité de musulmans et une minorité de chrétiens, sont alors majoritaires au sein de ce territoire.

Retranscrit à travers les pogroms, ou la montée en puissance du fameux maire de Vienne Karl Lueger, l'antisémitisme dans les années 1880 - 90 commence à se faire graduellement ressentir. Parallèlement, après la défaite de l'Autriche en 66 - 67 (contre la Prusse) et son expulsion de la Confédération germanique, le pays se construit une image nationale indépendante, en marge des Juifs. Dans la continuité de cet antisémitisme et de cet éveil nationalitaire autrichien, l'idée de la construction d'une nation propre aux Juif émerge, c'est le début du **sionisme**. Ses aspects restent multiples et l'idéologie sera incarnée par de nombreux représentants. Nous en retiendrons surtout un, que l'on considérera comme étant celui qui a permis sa concrétisation, à savoir **Théodore Herzl**. Ce Juif autrichien, hongrois de naissance, est initialement journaliste. En plus d'être témoin d'une Autriche de plus en plus antisémite, il est chargé de couvrir l'affaire Dreyfus en France.

Fait marquant la résurgence d'un antisémitisme français profond, l'épisode le touche et le mène à l'écriture d'un ouvrage: l'État des Juifs, *Der Judenstaat* en allemand. Malgré le manque d'écho au sein de la diaspora dans sa globalité, le livre est un succès en Europe Orientale, et lui permet de créer en 1897 l'OSM : Organisation Sioniste Mondial. Celle-ci permet, par l'adoption du programme de Bâle, de concrétiser la volonté d'une partie des Juifs de la diaspora d'établir un foyer national juif en Palestine, au regard des persécutions antisémites qui sévissent en Europe de l'Est.

Le premier congrès de l'OSM en 1897 établie ainsi formellement que l'*auto-émancipation* ne se fera ni en Ouganda, ni en Argentine, pays dotés de vaste terrains vagues. Mais bel et bien en Province de Palestine Ottomane.

Le sionisme reste toutefois minoritaire au sein de la diaspora juive, même si les Alyah se succéderont dans les années 1900-1910 après l'apparition de nouveaux pogroms comme ceux de Kichnev ou d'Odessa, au sein de l'Empire Russe. De par la faiblesse démographique des Juifs au sein du territoire avant la déclaration Balfour, les relations entre juifs et arabes demeurent toujours stables bien que quelques heurts subsistent après les rachats de terres massifs par les sionistes. Elles cessent toutefois dès le début de la Première Guerre Mondiale.

Pour des intérêts stratégiques, et à la recherche d'alliés de toute part, les Britanniques commenceront par provoquer la révolte des Arabes Ottomans fin 1915. Pour ce faire, le gouvernement envoie des lettres au Chérif Hussein de la Mecque (représentant des Arabes) à partir de Novembre, au sein desquelles l'Empire Britannique révèle vouloir concrétiser le nationalisme Arabe par la construction d'un État Arabe unifié allant de la Syrie au Yémen. Mais quid des aspirations à l'autodétermination pour les empires impériaux. Un an plus tard, dans la continuité d'un colonialisme voilé, des accords secrets sont signés entre Français et Britanniques : ce sont les accords **Sykes-Picot.** Malgré les promesses faites un an plus tôt, ils visent à partager le Moyen-Orient et donc les territoires promis au chérif l'année passée.

L'année qui suit, 1917, est capitale dans ce conflit. De peur d'un regain de puissance de l'Allemagne et de l'Autriche-Hongrie face à une potentielle disparition de la Russie causée par la révolution bolchevik, couplé à des caractéristiques internes, géostratégiques, religieuse, économique, et politique, les Britanniques cherchent à stopper la menace émergente. Concrétiser l'aspiration sioniste à travers la promesse de l'établissement d'un foyer national juif en Palestine parait alors bien avenu pour maintenir une Russie en plein processus révolutionnaire, et provoquer une implication d'autant plus forte des États-Unis. Après l'envoi de lettre aux Arabes Ottomans, le nationalisme juif est donc cette fois-ci officialisée par une déclaration, c'est la fameuse **déclaration Balfour**.

Son rôle dans une perspective plus globale peut faire débat. Ce qui est sûr toutefois, c'est que son but immédiat lui, n'a pas été rempli. La révolution bolchevik prend largement le dessus sur la guerre, et certains révolutionnaires juifs - alors qu'ils constituaient les cibles de cette déclaration - déclament même être antisionistes.

Au vu des promesses faites en l'espace de deux ans, les Britanniques ont donc joué un triple jeu en concrétisant les nationalismes juifs et arabes, tout en partageant secrètement les territoires de l'Empire Ottoman avec les Français.

1881 -1884 :

o Première Alyah « moderne » issue des pogroms russe

1896 - 1897 :

o Parution de *L'État des Juifs.*

o Création de l'Organisation Sioniste Mondiale

1903 :

o Début de la deuxième Alyah issue encore une fois des pogroms russe.

1915-1916 :

o La Grande-Bretagne s'engage à soutenir la création d'un État arabe tout en signant les accords Sykes-Picot

1917 :

o Novembre 1917 : Déclaration Balfour. La Grande-Bretagne s'engage à établir un foyer national Juif en Palestine.

1919 :

o Conférence de la Paix à Paris pour désigner les *traités de paix* s'établissant en Alliés et vaincus

1920 :

o Traité de Sèvres et de San Remo

o Émeutes antisionistes lors du pèlerinage de Nabi Musa à Jérusalem.

8. Qu'est-ce qui précède le sionisme ?

« Les Juifs ne sont pas une nation vivante. Ils sont partout étrangers. En conséquence, on les méprise. L'égalité civile et politique ne suffit pas à concilier aux juifs l'estime des peuples. Les seuls moyens appropriés seraient la création d'une nationalité juive. La résurrection d'un peuple sur son sol, l'autonomie des juifs, l'établissement de leur souveraineté en tant que nation parmi les nations, moyennant l'acquisition d'un foyer propre », Léon Pinkser[3]

Note : le sionisme désigne selon la définition originel, la *« renaissance juive en Palestine »*, le retour en Palestine du peuple juif.

- • *Présentation*

o L'idée de la création d'un foyer nationale juif remonte au début de la 2nde partie du 19e siècle, avec des théoriciens tels que le Rabin Judah Al-kalaï, le philosophe Moses Hess, ou un médecin russe sur lequel nous allons nous pencher, Léon Pinkser.

En 1882, ce dernier publie notamment un ouvrage à ce moment-là peu célèbre, *Auto-émancipation*, rédigé en réaction à la première vague de pogrom de 1881-1884.

---

[3] Herzl, T. and Klein, C., 2003. *L'État des Juifs*. Paris: La Découverte, p.116.

- *À la recherche d'un terrain vague*

o À l'aube de la multiplication des pogroms russes, certains activistes juifs parmi lesquels nous comptons Pinkser, mais aussi Herzl, n'ont pas forcément voulu *s'auto-émanciper* en Palestine. Dans *Auto-émancipation*, le but est avant tout de rechercher un lieu apte à l'accueil d'un état juif pour permettre la fin des persécutions. C'est alors que sont évoqués des pays tels que l'Ouganda ou l'Argentine qui sont tous deux constitué de vastes terrains vagues et d'une faible densité de population, réunissant de fait les conditions propices à l'établissement d'un État. Pour la Province de Palestine, l'idée est évoquée au vu du lien historique que les juifs peuvent avoir avec cette terre, mais cette dernière, pour diverses raisons tel que la présence Arabe locale, fait débat au sein même de la communauté sioniste.

- *1880's-1890's, le mouvement sioniste prend de l'ampleur*

o À la fin du 19e siècle, au vu des mouvements migratoires récents induit par les pogroms notamment, l'idée de l'État refuge prend de l'importance dans les esprits des Juifs d'Europe de l'Est et ne se cantonne plus qu'à de simples militants. Le mouvement fait donc parler de lui, se répand, mais est vite confronter à des contradicteurs, et particulièrement en Europe de l'Ouest ou l'idée n'a pas les mêmes échos. En France par exemple, la situation au 19e siècle bien qu'étant tumultueuse, n'est pas la même qu'en Russie pour les juifs. Ceux d'Europe de l'Ouest voient ainsi au sein du mouvement sioniste, et au regard de leur assimilation, le problème de la double allégeance : « La création de ce potentiel État va-t-elle changer l'opinion des dirigeants politiques quant à mon statut ? ». Un problème qui trouvera d'ailleurs ses échos dans la déclaration Balfour de 1917.

- *Une impulsion politique*

Avec ces premiers théoriciens, les revendications d'un foyer national Juif, qu'il soit en Palestine ou autre, ont ainsi fait débat au sein des communautés juives elles même. Mais la résonance du mouvement à l'internationale, donc son côté politique, n'avait pas l'ampleur requise pour sa concrétisation. Seulement, les années 1890, marquées par la multiplication des pogroms en Russie, la montée de l'antisémitisme Viennois, l'injustice du capitaine Dreyfus en France, et donc l'arrivée de Théodore Herzl, modifient le cours des choses. Ce dernier change la donne en attribuant l'impulsion politique nécessaire, et ce notamment par la création de l'Organisation Sioniste Mondiale en 1897, qui marque le début d'un mouvement politique concret.

9. Qu'est-ce que le sionisme ?

« Pour moi, quel que soit de la question juive, elle n'est pas une question religieuse ou sociale. C'est d'une question nationale qu'il s'agit, et pour la résoudre, il faut avant tout que nous en fassions une question politique à l'échelle mondiale... », Théodore Herzl[4]

- *Présentation*

○ Si nous revenons aux origines, le terme « sionisme » (Sion est une colline située à Jérusalem) est créé par le journaliste autrichien Nathan Birnbaum, pour désigner la *« renaissance juive en Palestine »*. C'est la définition originelle.

Cette *renaissance* pouvant se faire sous plusieurs formes : « Qu'en sera-t-il de la place du judaïsme ? », « Quelle type de politique économique ou sociale adoptée ? », le sionisme peut prendre plusieurs aspects.

- *L'arrivée d'Herzl*

○ À l'aube des années 1880-1890, l'arrivée progressive de plusieurs milliers de Juifs à Vienne est suivit par une urbanisation difficile de ces derniers, qui transforma en profondeur les choses. Un nouvel antisémitisme apparaît, et se concrétise à partir de 1895 avec la mise en place du partie, ouvertement antisémite, de Karl Lueger. Constamment réélu jusqu'en 1910, ce dernier ne manquera pas d'ailleurs d'inspirer le jeune Adolf Hitler à son arrivée en Autriche en 1907.

---

[4] Herzl, T. and Klein, C., 2003. *L'Etat des Juifs*. Paris: La Découverte, p.119.

o   Laïque et socialiste, le journaliste juif Théodore Herzl est marqué par la montée de l'antisémitisme dans son pays et se voit assigner une affaire qui fait grand bruit en France : celle du Capitaine Dreyfus. Témoignage fatal de la résurgence d'un antisémitisme français, l'histoire concrétise les pensées qui l'animaient depuis des années et le mène en 1896 à l'écriture d'un livre, qui restera ancré dans les mémoires sionistes : *L'État des Juifs*. Dans ce dernier, le but principal est de montrer que les juifs prolétaires, qui sont une majorité, ne peuvent pas être intégrés aux états étrangers sans avoir l'espoir de ne pas être persécutés. Herzl conclut ainsi qu'un abri permanent pour le peuple juif est nécessaire et que celui-ci doit se créer soit en Argentine, comme ce fut évoqué auparavant, ou en Palestine. Il est donc vrai que les idées ne sont pas issues de lui. Mais ce qu'il faut bien comprendre, c'est que ce livre, malgré la présence d'une idéologie sioniste avant lui, ancra le mouvement dans une dimension politique concrète. Ce qui n'était pas le cas d'*Auto émancipation* de Pinkser par exemple.

- *L'OSM*

o   L'ouvrage ne fait en aucun cas l'unanimité en Europe Occidentale, mais résonne en Europe Orientale. Dans la continuité de l'État des Juifs, Herzl fonde ainsi en 1897 l'Organisation Sioniste Mondiale (OSM).

Lors de son premiers congrès, cette nouvelle organisation adopte le programme de Bâle qui précise que la patrie juive doit s'établir, non pas dans des territoires vagues, mais bel et bien en Palestine.

Herzl mène ainsi une activité politique intense où il rencontre les grands dirigeants de ce monde ; le Pape Pie

X, le sultan de l'empire Ottoman à Constantinople (qui refuse l'idée), l'Empereur Allemand en Palestine, le Roi d'Italie, etc… pour concrétiser le mouvement. Mais voilà qu'en 1904, il décède, à l'âge de 44 ans.

- *Pourquoi en Palestine ?*
o La question doit sûrement vous venir en tête. Pourquoi n'ont-ils pas décidé de s'installer en Ouganda, ou en Argentine ? Pourquoi cette décision lors du premier congrès de Bâle ? Cette question reste la plus importante de ce papier, et sous-tend sûrement le fond de tous les débats que vous serez en mesure de voir.

o L'idéologie sioniste et politique d'Herzl, ou l'idéologie sioniste en général, ne fonde pas sa légitimité sur l'idée d'une arrivée, mais sur l'idée d'un **retour**. Selon Herzl, les Juifs, en tant que **peuple** et non en tant qu'individus appartenant à la même religion, peuvent non pas arriver dans un territoire inconnu, mais retourner dans des territoires perdus. De par l'attachement, non pas du peuple par rapport à ses traditions religieuses. Herzl était un laïque convaincu. Mais du peuple attaché à une terre, et particulièrement à la ville sacré de Jérusalem habitée pendant plus de 1000 ans. C'est donc au nom de cet attachement commun permettant le regroupement, et des non-intégration au sein des pays étrangers qui se sont traduite par les persécutions historiques, et qui n'ont pas pu permettre une assimilation pérenne au sein de ces derniers, que la Palestine peut selon les sionistes être légitimement acquise et permettre aux Juifs de *s'auto-émanciper*. Par l'ancrage commun qu'elle incarne, la Palestine fut donc préférée à l'Ouganda ou l'Argentine. Après plus de 120 ans de conflits, on peut conclure que l'idée n'a pas fait l'unanimité.

Les deux sentiments d'appartenances sont-ils conciliables ?
Autrement dit, le conflit peut-il prendre fin ?

10. Comment les premiers migrants juifs se sont-ils établis en Palestine ?

- *L'exploiteur et l'exploité*
o En 1858, le sultan Ottoman Abdülmecid 1er met en place un Code Foncier dont l'objectif principal est de renforcer le contrôle de l'État sur les propriétés agricoles. Pour ce faire, il interdit aux collectivités d'enregistrer des terres à leurs noms, et par conséquent oblige la propriété agricole à devenir un bien privé déclaré au nom d'un seul individu, et non plus au nom d'un groupe.

o Bien que ce code ne permet pas une transformation profonde des campagnes ottomanes, la multiplication des reformes foncières de la fin du 19e siècle, crée à partir des années 1870 un nouveau rapport de force entre l'exploiteur, qui est non pas un paysan mais un rentier, et l'exploité. Que ce soit en Syrie, en Égypte, en Irak, ou en Province de Palestine, la majorité des terres sont détenus non pas par les paysans mais par des familles ou individus puissants. C'est ainsi que le sultan autoritaire ottoman Abdülhamid II détient par exemple 1,25 millions d'hectares en Syries avant son départ en 1909, tandis que 38% des terres iranienne sont détenues par trente-sept familles avant la *révolution blanche* de 1963.

- *Le rachat de terres*
o Dans cette configuration, l'arrivée en Palestine des premiers migrants juifs fuyant les pogroms à partir de 1881 est permise par le rachat massif de terres agricoles auprès de particuliers Arabes. Les terres se convertissent

progressivement en implantations agricoles tendant vers une autosuffisance, à travers la mise en place de services médicaux et scolaires, réservés aux Juifs. Les migrants s'installant en Palestine sont toutefois minoritaires. Entre 1881 et 1914, seul 55 000 à 70 000 d'entre eux privilégient le territoire, tandis que plusieurs centaines de milliers décideront de fuir vers les États-Unis.

- *La Terre, un symbole*

o De par cette volonté du *retour à la terre d'origine*, le travail, le rapport à la terre tangible, est un symbole central pour le sionisme. En effet, motivés par l'Organisation Sioniste Mondiale, les investissements dans les terres agricoles se multiplient massivement lors des années 1920, même si le nombre de migrants engagé dans l'agriculture ne soit représentatif que de 20 % de la population juive de Palestine à ce moment-là.

Quelle est la place occupée par les pogroms si l'on se penche sur les causes de l'autosuffisance ?
L'incompréhension d'un savoir physiologique est-elle illégitime ?

11. Comment la place du sionisme a-t-elle évolué au sein de la diaspora Juive ?

- *À ses débuts*

o Les juifs sionistes viennent originellement d'Europe de l'Est, sont laïques, et ne représentent pas les opinions de la diaspora. En effet, que ce soit en France, en Allemagne, ou en Grande-Bretagne, les Juifs sont acceptés, parfois patriote, et ne veulent donc pas risquer une double allégeance sous peine de perdre la protection dont ils bénéficient dans leur pays. Du côté des juifs ottomans, le syndrome de la double allégeance se posait aussi mais ne faisait pas consensus, du moins avant la guerre.

Certains comme David Ben Gourion (futur 1er ministre d'Israël) pensait en effet qu'il était nécessaire de soutenir l'Empire Ottoman en ayant la certitude que leur loyauté leur permettrait d'avoir des faveurs de l'Empire. Tandis que d'autre (la majorité) espérait qu'une aide apportée aux Britanniques étaient plus judicieuse. Il s'est avéré finalement que durant la guerre, les pillages, et donc les répressions ottomanes sur les populations juives et arabes locales ont été sévère – on passe de 700 000 Arabes et 85 000 juifs avant la guerre, à 70 000 Arabes et 30 000 juifs en 1917.

- *Un rejet de la communauté religieuse*

o Dans le même temps, le sionisme n'a pas fait l'unanimité au sein de la communauté religieuse. Les juifs ottomans d'avant 1880 par exemple, pour la grande majorité des ultra-orthodoxes, étaient largement hostile à l'établissement d'une patrie juive en Palestine. Selon eux, et en accord avec la doctrine religieuse, la Terre Sainte doit être acquise seulement par voie messianique, et donc en aucun cas par des forces extérieures. C'est d'ailleurs pour cela qu'il est important de préciser que les sionistes originaux (Herzl, Ben Gourion) étaient laïcs, caractéristique essentielle pour porter l'idéologie sioniste originelle.

Leur aspiration n'a donc pas fait consensus à ces débuts, même si elle prendra une importance progressive avec l'influence de rabbins porteur d'idées nouvelles. Le plus connu étant Abraham Isaac Kook, premier Grand Rabbin Ashkénaze du Yichouv considérée comme le père du « sionisme religieux », visant à mêler la tradition juive au projet sioniste. Pourquoi ne pas mêler vie religieuse et vie citoyenne ?

- *Tous les juifs sont-ils sionistes ?*

o Si nous nous référons à la définition rigoureuse du sionisme, il est certain que le sentiment diasporique doit, quoiqu'il advienne, sûrement prendre le dessus sur la raison et donc les opinions de la majorité. Toutefois, les revendications et les réalités montrent que le mot en lui-même a perdu son sens initial. Il résonne maintenant à tort dans l'inconscient collectif comme un simple soutien à la politique israélienne, et/ou en un désintérêt pour la situation à Gaza ou en Cisjordanie. Il faut donc souligner que le gouvernement israélien n'est pas toujours représentatif des opinions en Israël, mais aussi des opinions des juifs à travers le monde comme les juifs Américains [Q.6, pt.3].

- *Si les mots se vident de leur substance, comment définir l'antisionisme ?*
  - La distinction entre les mots et les pensées étant toujours délicate, l'antisionisme peut supposer trois sens différents.

Son sens initial : Un antisioniste estime que la création d'un foyer national juif en Palestine n'est pas légitime. Ce courant de pensée est notamment incarné par des historiens comme Ilan Pappé en Israël, ou Alain Gresh (moins connu) en France.

Son sens dévoyé : Une simple critique de la politique israélienne, ce qu'il n'est pas. L'antisionisme ne revient pas à critiquer le gouvernement israélien mais bien à aller à l'encontre de son existence.

Son sens pratique : En remplaçant le mot « juif » par le mot « sioniste », et le mot « antisémite » par le mot « antisioniste », l'antisionisme peut s'avérer être un antisémitisme qui cherche à se protéger de toute condamnation.

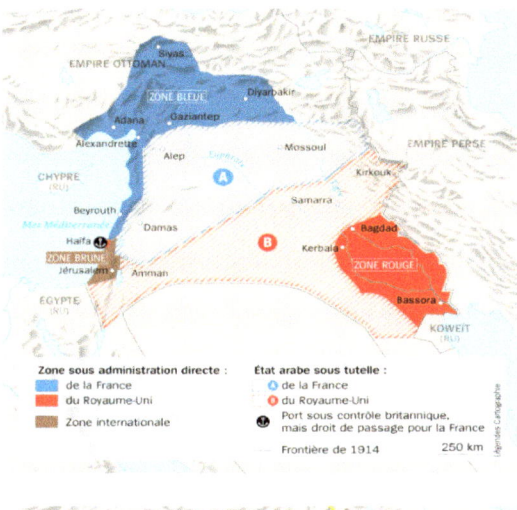

Zone sous administration directe :
- ■ de la France
- ■ du Royaume-Uni
- ■ Zone internationale

État arabe sous tutelle :
- Ⓐ de la France
- Ⓑ du Royaume-Uni
- ⚓ Port sous contrôle britannique, mais droit de passage pour la France
- — Frontière de 1914

250 km

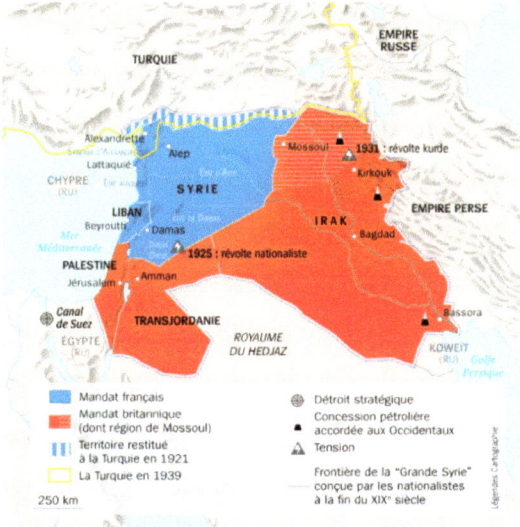

- ■ Mandat français
- ■ Mandat britannique (dont région de Mossoul)
- ▥ Territoire restitué à la Turquie en 1921
- ▭ La Turquie en 1939

250 km

- ⊕ Détroit stratégique
- ▲ Concession pétrolière accordée aux Occidentaux
- △ Tension
- — Frontière de la "Grande Syrie" conçue par les nationalistes à la fin du XIXᵉ siècle

12. Que prévoit l'accord de Sykes-Picot en 1916 ? Comment le Moyen-Orient est-il finalement découpé ?

« Les termes moraux sont les mêmes aux époques les plus différentes d'un peuple ; par contre le sentiment, qui les accompagne quand on les prononce, ne cesse de varier. Chaque époque teinte ces mêmes vieux termes d'une nuance nouvelle. » - Friedrich Nietzsche [5]

- *Les diplomates Mark-Sykes et Georges Picot*

o L'accord Sykes-Picot est un accord secret signé par les britannique et les Français en 1916, pour se partager à la fin de la guerre les territoires du Moyen-Orient, et donc les territoires de l'Empire Ottoman. Malgré les promesses d'une grande nation arabe faite aux représentants des musulmans de l'empire en Octobre 1915, l'alliance franco-britannique décide de découper le territoire en 6 parties, avec Jérusalem sous administration internationale pour garantir l'accès aux lieus saints pour tous.

o L'accord ne sera toutefois pas pérenne, bien qu'il restera un symbole fort dans les esprits. D'autres engagements sont en effet conclus pendant les opérations militaires et les accords initiaux se retrouvent être largement

---

[5] Nietzsche, F. and Wotling, P., 2000. *Éléments pour la généalogie de la morale.* [Paris]: Librairie générale française. p.7. *Intialement tiré des Fragments posthumes du Gai Savoir, 20[3].*

déformés. En 1918 l'armistice est signé, le traité de Versailles est ratifié, et dans la continuité du *processus de paix,* les États centraux se rejoignent en 1919 à la *Conférence de la paix de Paris,* pour découper et s'approprier les territoires du Moyen-Orient. Nous rentrons ainsi au sortir de la guerre dans la logique dite des « mandats » délivré par la « Société des Nations », ancêtre de l'ONU

- *Le partage final*
○ Lors de la conférences de San Remo, La France se voit ainsi attribué un mandat pour le Liban (1920) et la Syrie (1920) tandis que les Britanniques se voient attribuer l'Irak, la Transjordanie - renommée plus tard en Jordanie - et la Palestine, même si ces derniers mandats sont adoptés pleinement en 1922. La Palestine devient ainsi la Palestine Mandataire Britannique.

- *D'une certaine ironie*
○ La logique des mandats est évidemment une nouvelle forme de colonialisme.
Leur but initial consiste en l'épanouissement politique de peuple politiquement avancé, et vise, tel qu'il est écrit textuellement dans les différentes chartes mandataires, à permettre l'indépendance des pays « mandatés ». Bien évidemment, que ce soit en Palestine mandataire, en Syrie mandataire, ou au Liban, ce ne fut pas le cas. Les différents nationalismes se renforcent, dans le cas de la Palestine parfois s'affrontent (incident lors du pèlerinage de Nabi Musa en 1920, tueries antisémites en 1921 à Jaffa et en 1929 à Hébron, Révoltes Arabes de

1936-1939) et auront pour but premier de mettre fin à la domination mandataire.

o   Après un prêche morale ardue permis par la logique des mandats, les ingérences étrangères disparaissent progressivement à partir des années 1940. Le Liban trouve ainsi son indépendance en 1943 après une lutte affirmée, la Jordanie et la Syrie la retrouvent, officiellement ou officieusement, en 1946 ; tandis qu'Israël la proclame en Mai 1948. Dans une perspective plus large l'Inde l'obtient, non sans difficulté, en 1947.

Après deux décennies de domination officielle, ces années marquées par les indépendances mettront en grande partie fin à une certaine époque.

« en grande partie », car diverses influences étrangères se prolongeront encore dans les années 50 avec notamment la crise du Canal de Suez en 56, qui marque la fin d'une immixtion britannique vieille de plus de 70 ans .

Déclaration Balfour 1917

Cher Lord Rothschild,

J'ai le grand plaisir de vous adresser, de la part du gouvernement de Sa Majesté, la déclaration de sympathie suivante pour les aspirations sionistes des Juifs, qui a été soumise au cabinet et approuvée par lui.
Le gouvernement de Sa Majesté envisage favorablement l'établissement en Palestine d'un *foyer national pour le peuple juif* et emploiera tous ses efforts pour faciliter la réalisation de cet objectif, étant *clairement entendu que rien ne sera fait qui puisse porter préjudice aux droits civiles et religieux des communautés non-juives en Palestine*, ainsi qu'aux *droits et au statut politique dont les Juifs pourraient jouir dans tout autre pays (1)*.
Je vous serais reconnaissant de porter cette Déclaration à la connaissance de la Fédération sioniste.

Sincèrement à vous,

Arthur Balfour

13. Quels sont les causes et les suites de la déclaration Balfour de Novembre 1917 ?

- *Présentation*

o La déclaration Balfour est une déclaration rédigée par le secrétaire d'état aux affaires étrangères britanniques, Arthur Balfour, à la fin de la 1e guerre mondiale. Publiée en Novembre 1917, elle est destinée au représentant de l'Organisation Sioniste Mondiale, Edmond de Rotshild, et promet l'établissement d'un « *foyer national juif en Palestine* ». Entre une certaine sympathie pour le mouvement sioniste, les intérêts géostratégiques, l'esprit colonialiste/impérialiste, et les intérêts économiques, les causes de son écriture restent multiples et sont encore débattues parmi les historiens.

CAUSES

- *Des intérêts militaires directs*

o « *Si nous pourrions émettre une déclaration favorable à cet idéal sioniste, nous serions en mesure de provoquer une propagande utile à la fois en Russie et en Amérique* »[6] déclarait Arthur Balfour à son cabinet de guerre, le 31 Octobre 1917 - soit 2 jours avant l'adoption du texte.

o Par peur d'une affluence de soldat Allemand venant du Front Est, il importe aux Anglais de provoquer la sympathie des juifs d'une Russie en plein processus

---

[6] Black, I., n.d. *Enemies and neighbours*. p.14

révolutionnaire. Ainsi que la sympathie des juifs américains censés avoir la main mise sur la politique américaine, pour influer et renforcer l'implication récente de la puissance.

L'immédiateté inhérente à toute guerre mènera nombre d'individus à penser que ce fut l'une des raisons principales de l'écriture de ce texte. Mais contrairement à ce que l'on peut voir dans les consciences collectives, cette vision doit être pondérée.

- *Des considérations intérieures*

o Balfour et Lloyd George (premier ministre Britannique de 1916 à 1922) ont dès les années 1900 rencontrés, puis par la suite côtoyés, des dirigeants sionistes et notamment un, Chaim Weizmann ; physicien d'origine russe devenue par la suite citoyen britannique. Grand orateur, son influence sera grandissante au sein du gouvernement, et ce notamment grâce au développement, en pleine 1e Guerre Mondiale, d'une nouvelle technique de création d'acétone, composant chimique permettant la fabrication de dynamite à bas coût. Ayant été considérée très rapidement par les dirigeants britanniques, cette invention lui permit de gravir les échelons et d'arriver à toucher les plus hautes sphères du gouvernement.

o Pour ce qui concerne le signataire officiel de cette déclaration, à savoir Arthur Balfour, on lui prête souvent son passé antisémite après sa signature de *l'Aliens Act* en 1905, visant à restreindre l'immigration juive en Grande-Bretagne. Or il s'est avéré que Balfour lui-même s'est revendiqué sioniste, et ce pour des raisons religieuses. La thèse, déjà répandue chez les évangéliques anglo-saxons du 19ᵉ, était simple : le retour des juifs en terre promise rendra le retour du Messie, et donc l'avènement de l'apocalypse, plus rapide.

o Maintenant, la motivation de Balfour était-elle seulement de nature biblique ? Était-ce par antisémitisme, en ce sens que l'idéologie permettait de faire partir les juifs d'Europe ? Où était-ce par un simple soutien politique permis par un changement idéologique et personnel ? Beaucoup s'expriment, mais nul ne sait.

o Si l'on exclue les débats historiques, que ce soit l'un ou l'autre importe finalement assez peu. Le fait est que Arthur Balfour, mais surtout le premier ministre Lloyd George, ont en partie mener le gouvernement à exprimer sa sympathie pour le mouvement en interne. Je précise en partie, car évidemment d'autres considérations concourantes, à savoir impérialistes, géostratégique, et économique, viennent s'ajouter aux causes. Une puissance, qui plus est quand elle est coloniale, n'agit jamais sans pouvoir tirer d'intérêts.

• *L'intérêt économique et l'impérialisme*

o Après la bataille de Bethléem et les trois batailles de Gaza, la conquête de la Palestine par les britanniques se termine progressivement. Stratégique, ce territoire est intéressant quant à la protection de la route des Indes et du Canal de Suez Égyptien contrôlé depuis 1882.

Par suite, si nous nous plaçons dans un logique impérial, donc d'influence, occuper la Palestine permet de ne pas l'attribuer aux Français à l'issue de possible accords signés après la guerre pour contrôler le Levant. Les Français ont effet longtemps désirés la Palestine (même si ces frontières n'étaient pas définies à la fin des années 1910), et c'est non sans amertume que Clemenceau finira par l'abandonner.

SUITE

- *Comment la déclaration fut-elle acceptée ?*

o Pour rédiger cette déclaration, Arthur Balfour rencontra le 19 Juin 1917 les représentants de l'Organisation Sioniste Mondiale parmi lesquels nous retrouvons donc Chaim Weizmann et Lord Rothschild. Le texte est établi laborieusement (il est révisé 5 fois), mais finit par aboutir. Adopté le 2 Novembre, il garantit ainsi la « *construction d'un foyer national juif en Palestine* » tout en mentionnant que « *rien ne devrait porter atteinte aux communautés non-Juives de Palestine* ». C'est une consécration pour l'OSM (Organisation Sioniste Mondiale) à la recherche d'une reconnaissance internationale depuis 1897. Mais il s'avère que la déclaration est sujet à controverse ; la « Palestine » n'est pas une région géographique définie officiellement, le statut de la population Arabe locale n'est pas définie lui aussi clairement, et les interprétations pouvant être faite à la lecture de ce texte restent nombreuse.

- *Avec du recul…*

o   Dans la continuité de la révolution Bolchevik, l'Empire Russe finit par quitter la guerre en Décembre 1917. La déclaration ayant été signée un mois plus tôt, le premier réflexe serait donc se dire que cette dernière ne fut qu'une coquille vide, insignifiante, ayant échoué dans son objectif immédiat qui consistait à faire appel aux juifs russes et américains pour éviter leur abandon. Toutefois, il s'est avéré que la responsabilité prise par les Britanniques a dépassé certains des objectifs stratégiques initiaux, en confirmant les objectifs de plus long terme, ce qui nous oblige à faire preuve de nuance. Lors des traités de Sèvres et de San Remo en 1920, la déclaration finit par être ratifiée dans le droit international, et l'Empire Britannique se doit donc de respecter ses promesses malgré des motivations originelles sûrement discutables.

Résumé de la période : 1918-1949

La Triple Entente, composée entre autre de la France et de la Grande-Bretagne, gagne la guerre. À la suite de cette victoire, s'organise la Convention de Paris lors de laquelle des mandats de la Société des Nations (l'ancêtre de l'ONU), sont délivrés aux Britanniques et aux français pour se partager le Moyen-Orient. C'est ainsi qu'en 1922 la province de Palestine devient la **Palestine Mandataire Britannique.** Dans la continuité de la déclaration Balfour qui permet la reconnaissance juridique du mouvement, les Alyahs se poursuivent et s'intensifient. Plusieurs dizaines de milliers de juifs arrivent dans les périodes de 1919 -1923 et 1924 -1929 et viennent principalement d'Europe de l'Est (Pologne, Russie, Biélorussie).

Parallèlement, au sein de l'État Allemand, l'antisémitisme est grandissant et l'arrivée d'Hitler est progressive. Avec la montée des tensions que l'on connaît, la politique du régime Nazi entraîne le départ de 180 000 – ce chiffre reste une approximation, car aucun ouvrage n'a fourni le même - juifs pendant la période 1929-1939, qui arrivent en partie clandestinement après l'adoption de livres blancs britannique limitant les migrations juives.

Au vu de l'afflux massif de migrants, la communauté juive en Palestine Mandataire Britannique commence par conséquence à s'agréger concrètement autour de structures incarné par les partis politiques, les administrations religieuse, ou le syndicat Histadrout, qui prendront individullement une importance croissante au fil des années. À partir des années 1920, cette communauté constitue ainsi une sorte de proto-État, un état dans l'état, avec en 1929 la création de l'Agence Juive, qui se veut l'éxécutif de l'organisation sioniste moniale, avec à sa tête dès 1935 **David Ben Gourion.** Les Arabes palstiniens auront eux aussi, mais plus tard, leurs organes représentatifs et notamment un : le **Haut Comité Arabe,** crée en 1936 à l'aube des soulèvements arabes, et dirigé par le **Grand Mufti de Jérusalem.**

Au niveau de l'entente entre juifs et arabes au sein du territoire, elle n'est plus la même que celle au début du siècle. En 1921 et 1929, des massacres antisémites de juifs ont lieu, font parfois plus d'une centaine de morts, et marquent le début des hostilités. Les Arabes reprochent alors aux Juifs de ne pas vouloir s'intégrer, les juifs contestent ; et les heurts s'intensifient, jusqu'à atteindre leur apogée en 1936.

De 1936 à 1939 a lieu la **Grande Révolte Arabe de Palestine,** déclenchée par la mort d'Izz al-Din al-Qassam, tué par les britanniques, et considéré encore aujourd'hui comme le père de la révolte palestinienne. Les « Brigades Izz al-Din al-Qassam » désignent par exemple la branche armée du Hamas.

C'est une période sanglante pour les populations juives et arabes car le conflit fait, en seulement trois ans, plusieurs milliers de morts. Face à la situation désastreuse, les Britanniques ne restent pas muets et proposent en 1937 le premier d'une longue série de plans à deux États : **le Plan Peel**. Dans un contexte de guerre civile, le plan est accepté par le Yichouv, refusé par le HCA. La révolte s'arrête finalement en 1939 avec la parution du nouveau Livre Blanc britannique qui réfute la déclaration Balfour, restreint fortement les émigrations juives, et propose l'établissement d'un État arabe palestinien dans les 10 années à venir. La proposition est toutefois rejetée par le Grand Mufti, malgré la présence d'une majorité d'Arabes palestiniens enclins à l'accepter.

Déclenchée par les idéologies que l'on connait, la Seconde Guerre mondiale commence à se faire ressentir en Palestine Mandataire à partir de 1940. La tension est évidemment palpable durant ces années, mais permet pour la première fois certaines alliances entre juifs et arabes face à la peur d'une invasion nazie sur le territoire. Une accalmie générale caractérise donc les tensions entre les deux peuples locaux pendant la période.

La guerre se passe, mais les Britanniques subissent vers la fin de celle-ci plusieurs attentats et notamment un, celui du King David. Causé par la branche paramilitaire juive Irgoun, l'attentat s'inscrit dans un combat globale ayant pour but principale de lutter contre les « forces coloniales britanniques », hostiles aux migrations juives après l'établissement du Livre Blanc de 1939. La région, autrefois colonisée pour son emplacement stratégique s'avère deux décennies plus tard « délicate » et dangereuse. C'est ainsi que les britanniques prévoient une date butoir pour se retirer, celle du 14 Mai 1948.
Face à une escalade de tensions graves au sein du territoire, la jeune Organisation des Nations Unies décide de se saisir du problème et crée une commission

dédiée spécialement au conflit, qui finit par adopter une résolution centrale : la **résolution 181**. Comme les britanniques l'ont fait auparavant avec le Plan Peel, l'ONU promeut une solution de partage à 2 états. Mais celle-ci est fermement refusée par le HCA, tandis qu'elle est acceptée par l'Agence Juive.

De plus, ayant eu pour but premier d'apaiser les tensions, la résolution les a en fait renforcés. Le jour qui suit l'adoption de la résolution de l'ONU marque le début d'une guerre civile sanglante entre les deux camps, c'est la **guerre civile Judéo-Palestinienne**. Connue pour sa violence significative, elle se conclut finalement par une victoire des juifs, et le jour même, le 14 Mai 1948, marque plusieurs événements majeur. C'est en effet la fin du mandat britannique, le jour ou la **déclaration d'indépendance** de l'État d'Israël est prononcée par David Ben Gourion, et le jour où commence la **première Guerre Israélo-Arabe**, qui oppose Israël à 5 états Arabes voisins ; la Syrie, l'Égypte, l'Irak, La Jordanie, et le Liban.

Bien qu'ils soient nombreux, les pays arabes ne sont pas unifiés et manquent de coordination, ce qui mène à leur défaite. Cette guerre, terminée en 1949, est suivie par trois événements majeurs.
Dans un premier temps, nous avons la *Nakba,* qui désigne l'exode d'au moins 700 000 **palestiniens** entamé à partir de 1948 – les Palestiniens désignant les Arabes ayant vécu en Palestine Mandataire Britannique de 1922 à 1948, et leurs descendants.

Dans un second, la guerre est marquée par des annexions à la fois israélienne, transjordanienne (la Transjordanie se renomme Jordanie après l'annexion de la Cisjordanie) et égyptienne, qui aboutissent au dernier point, l'établissement des frontières.

La guerre permet en effet la signature des premiers accords bilatéraux signés entre Israël et les États Arabes voisins, qui établissent pour la première fois les frontières officielles du nouvel état israélien selon une simple ligne tracée sur une carte, la **ligne verte**, qui elle aussi nous le verrons trouve aujourd'hui encore ses échos.

1920 :
o   Traité de Sèvres et de San Remo permettant de distribuer les territoires du Moyen-Orient à la France et la Grande-Bretagne.

1929 :
o   Émeutes antijuives à Hébron faisant plusieurs dizaines de morts.

1936 -1939 :
o   Grande révolte des Arabes de Palestine
o   Établissement du 3e Livre Blanc Britannique

1947 :
o   La résolution 181 de l'ONU - proposition de solution à deux États - est adopté.

1948 :
o   Proclamation de l'indépendance d'Israël par David Ben Gourion
o   Début de la première guerre israélo-arabe

1949 :
o   Établissement de la Ligne verte, première frontière du nouvel état israélien, à l'issue de l'Armistice

14. Comment le Yichouv préfigure-t-il l'État d'Israël ?

- *Qu'est-ce que le Yichouv ?*
o *Yichouv : Communauté des juifs vivant en Palestine avant la création de l'État d'Israël.*

o Au temps du Mandat Britannique, le Yichouv était une sorte de « proto-État », doté de ses propres institutions : hôpitaux , écoles, universités, parlement, etc… En plus de ces infrastructures, l'organisation possédait aussi ces institutions politiques, parmi lesquelles nous comptions plusieurs partis politiques, mais aussi des syndicats de travail, et une branche paramilitaire.

La plupart des infrastructures passées étant encore présente, on comprendra la nécessité d'une perspective historique.

Cinq acteurs principaux :
a. L'Agence Juive, semblable au gouvernement, qui est l'entité chargée de représenter les juifs palestiniens. *Chargé aujourd'hui de l'immigration juive en Israël.*
b. Le Syndicat Histadrout, confédération générale des travailleurs juifs. *Syndicat israélien le plus important aujourd'hui.*
c. Des Partis politiques, Révisionniste/Socialiste. *(point 3)*
d. Des Institutions Religieuses, le Grand Rabbinat. *Encore présent aujourd'hui.*
e. Sa Branche paramilitaire principale, la Haganah. *Reconverti en Tsahal en 1948.*

f.   Un système de santé et un système d'éducation qui leur est propre.

- *La Histadrout*

o   David Ben Gurion devient secrétaire générale de la Histadrout en 1920 et cherche à développer l'économie des juifs en Palestine Mandataire. Le syndicat fournit ainsi des services sociaux aux nouveaux migrants en créant notamment une caisse d'assurances maladie, ou en assurant la scolarisation des enfants. C'est elle qui crée la célèbre université de Technion et l'université Hébraïque de Jérusalem, connu aujourd'hui de par le monde. Au gré des aléas migratoire et conflictuels, le syndicat gagne 21 600 adhérents dans la période 1920-1927 et représente alors 75% des travailleurs juifs.

- *Comment les différents partis politiques du Yichouv permettent-ils de comprendre le présent ?*

o   Deux conceptions politiques distinctes étaient présente au sein du Yichouv. Ces deux représentations sont globalement à l'origine de la droite et de la gauche israélienne.

D'un côté, nous avions l'idéologie socialiste, incarné notamment par David Ben Gourion. Dominante, elle sera après la création de l'État en 1948 représenté par les partis de gauche israélien, à savoir principalement le Mapaï et le parti Travailliste, qui resteront continuellement au pouvoir de 1948 à 1977, et qui accepterons les solutions à deux états.

De l'autre, nous avions une idéologie incarnée par le « parti Révisionniste » de Zeev Jabotinsky, qui représentait globalement les penseurs/militants de droite et d'extrême droite. L'idée initiale du parti, impensable toutefois aujourd'hui, était de créer un état juif sur les deux rives du Jourdain, soit en Israël, dans les territoires palestiniens actuels (en Cisjordanie, à Gaza), et dans une partie de la Transjordanie (Jordanie actuelle). Le parti soutenait donc une expansion des territoires, et contestait la solution à deux états.

Ce parti révisionniste est à l'origine du Herut (créé en 48), puis du Likoud (créé en 73), tous deux fondé en partie par Menahem Begin arrivé au pouvoir en 77, et incarné aujourd'hui par Benyamin Netanyahou .

15. Qu'est-ce que la grande révolte arabe de Palestine (1936 – 1939)?

« Un conflit irrépressible est apparu entre deux communautés nationales dans les limites étroites d'un petit pays. Il n'y a pas de terrain d'entente entre elles. Leurs aspirations nationales sont incompatibles. Les Arabes souhaitent faire revivre les traditions de l'âge d'or arabe. Les Juifs veulent montrer ce qu'ils peuvent accomplir lorsqu'ils sont restaurés sur la terre où la nation juive est née. Aucun des deux idéaux nationaux ne permet de les combiner au service d'un seul État. ». Commission Peel, 1937 [7]

- *Remise en contexte*
o Après le massacre antisémite de juifs à Hébron en 1929, les tensions entre Juifs et Arabes s'intensifient. Londres multiplie les Livres blancs pour restreindre progressivement les migrations juives en terre de Palestine et limiter les conflits internes qu'elles causent. Mais celles-ci, bien qu'étant clandestine et en partie arrêtée, se multiplient avec la montée en puissance de l'Allemagne Nazie.

---

[7] Ecf.org.il. 1937. *Peel Commission Full Report (1937) - English.* Disponible à :
https://ecf.org.il/media_items/290,%20PART%20III:%20THE%20POSSIBILITY%20OF%20A%20LASTING%20SETTLEMENT%20Chapter%20XX.%20-%20The%20Force%20of%20Circumstances. *.La phrase est tiré du Chapitre 10, La Force des Circonstances. p.370, article 5.*

- *L'événement qui l'a en partie déclenché*

o *Izzedin al-Qassam* est connu comme étant le premier à prôner la lutte armée contre les britanniques et les sionistes. Après avoir assassiné un policier juif en Novembre 1935, il meurt sous les balles de troupes britanniques. Faisant figure de héros de la lutte armé chez les arabes palestiniens, sa mort marqua le début d'une forte période de tensions, et son nom inspira d'ailleurs le nom porté par l'actuelle branche armée du Hamas : les « Brigades Izzedin al-Qassam ».

- *Son déroulement*

o Le Haut Comité Arabe (HCA) présidé par Mohammed Amin Al-Husseini, et représentant de l'ensemble des arabes de la Palestine mandataire, débute par des actions d'ordre pacifique. Mais avec la montée progressives de tensions, celles-ci ne perdurent pas et sont suivies par des attaques menées contre des juifs à Tel-Aviv dès le 14 Mai 1936, qui ne seront pas condamnées par le HCA.

Les Arabes se révoltent contre :

o Le mandat Britannique, les migrations juives, et revendiquent un État Arabe unique. Ils commencent par tuer des juifs de sang-froid après la mort d' Izzedin Al-Qassam, et c'est un cycle continuel de violences de trois ans qui commence. Avec des attentats dans les deux camps, qui feront parfois plus de 60 morts en une journée, la Grande Révolte Arabe de Palestine et la guerre civile qui la définit fait écho d'une rancœur profonde, déjà, entre les deux populations.

<u>A quoi tout cela a mené</u> :

o   En 1937, les Britanniques créent une Commission Royale pour la Palestine qui propose un état arabe au Sud et un état juif au Nord, avec Jérusalem sous mandat britannique. C'est le *Plan Peel*. Dans un contexte de guerre civile, donc d'une animosité certaine entre les deux camps, les représentants du Yichouv l'acceptent tandis que les représentants du HCA le refusent. Un autre plan, le *plan Woodhead* est alors proposé en 1938, mais encore une fois refusé par les membres du HCA.
Malgré le début d'une résistance passive par une désobéissance civile de la part des arabes, pour imposer à la puissance mandataire l'arrêt de l'immigration juive, le plan Peel relance les violences, et aboutit à une réponse britannique qui viendra contredire 20 ans de paroles par la mise en place d'une nouvelles séries de réformes.

o   L'établissement du troisième Livre Blanc de 1939 qui empêche radicalement l'immigration juive, promet en effet un état palestinien dans un intervalle de 10 ans, et réfute la déclaration Balfour de 1917. Même si la proposition britannique qui vise à créer un état palestinien est mal perçue par le mufti, qui finit par la refuser, et ce malgré une majorité d'arabe palestinien enclin à l'accepter.

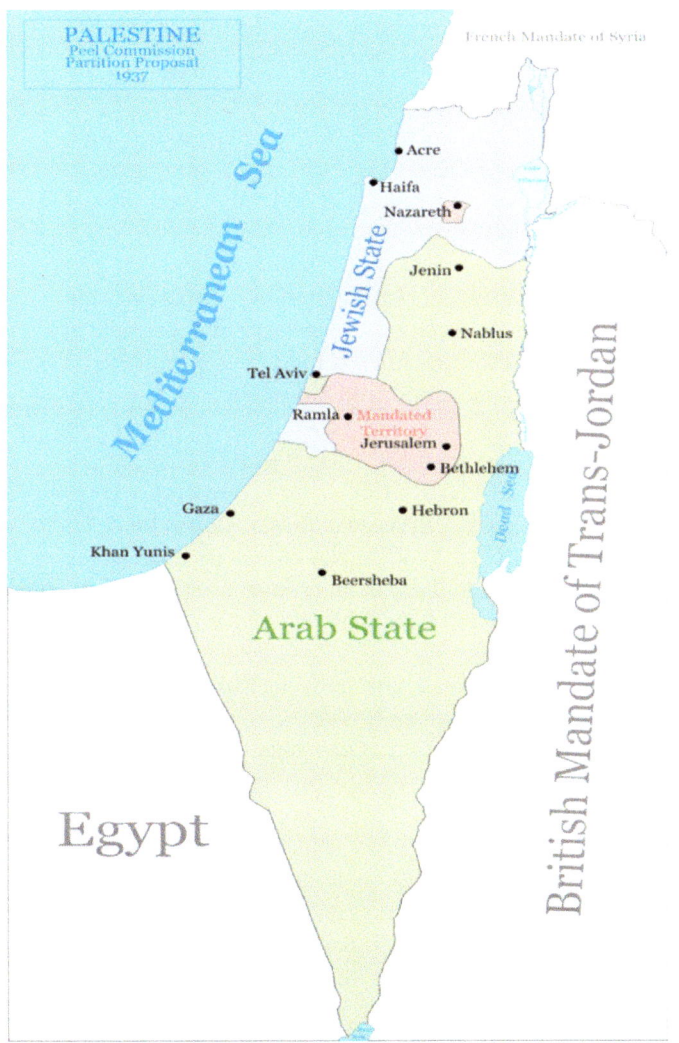

PALESTINE
Peel Commission
Partition Proposal
1937

French Mandate of Syria

Mediterranean Sea

• Acre

• Haifa
Nazareth

Jenin •

• Nablus

Tel Aviv •
Ramla • Mandated
Territory
Jerusalem
• Béthlehem

Gaza •

• Hebron

Khan Yunis •

• Beersheba

Jewish State

Arab State

Dead Sea

British Mandate of Trans-Jordan

Egypt

16. Pourquoi l'*Alyah* en Israël est-elle indispensable au projet sioniste ? *Alyah* = 'montée'

Note : je n'ai pas trouvé de chiffres concourants dans les livres que j'ai pu lire. Ceux qui sont évoqués permettent donc de comprendre les enjeux, mais restent des estimations.

o   Les *Alyah* désignent les migrations juives et sont nécessaires au projet sioniste en cela qu'elles permettent de peupler le territoire. Elles se multiplieront entre la fin du 19e et la seconde moitié du 20e siècle.

- *Historique des Alyah d'avant 1948*

o   1e Alyah : 1881 – 1903. Les pogroms russes s'intensifient après l'assassinat du tsar Alexandre II, les juifs étant accusés d'avoir fomenter le coup d'éclat. Sur des centaines de milliers de juifs fuyant vers les États-Unis, quelques 6500 d'entre eux arrivent en Province de Palestine.

2e Alyah : 1903 – 1914. Une nouvelle fois causée par les pogroms qui sévissent en Russie.

3e Alyah : 1919 – 1923. Les arrivants viennent d'URSS et de Pologne.

4e Alyah : 1924 – 1929. Aussi connu comme étant la '*Grabski Alyah*'. Les juifs viennent de Pologne, pays touché par une crise économique sévère et au sein duquel l'antisémitisme est systémique.

5e Alyah : 1929 – 1939. L'accord Haavara (1933) est passé entre l'Organisation Sioniste Mondiale et le 3e Reich Nazi pour renvoyer les juifs d'Allemagne en Palestine Mandataire en échange de transfert des fonds financiers de chacun d'entre eux au gouvernement Allemand. Venant d'Europe de l'Est ou d'Allemagne, c'est plus de 200 000 juifs qui arriveront, majoritairement clandestinement en 10 ans.

6e Alyah : 1939-1948. Les nouveaux réfugiés fuient le nazisme et la Shoah. Les migrations sont toutefois fortement restreintes par le Livre Blanc de 1939 – point suivant.

C'est en tout près de 420 000 juifs qui arriveront entre 1881 et 1948.

- *Quotas*
  - o À partir du Livre Blanc de 1930, Londres décide de limiter les migrations juives, même si celles-ci proviennent de l'Allemagne Nazie. Ces dernières sont alors majoritairement clandestine, et une partie concrète d'entre elles seront refusées par la force mandataire.

  - o Cette politique s'intensifie par la suite après les révoltes Arabes de 1936-1939 et la mise en place du troisième Livre Blanc qui réduit drastiquement les entrées.
    Cela n'est pas sans conséquence et mène à deux épisodes représentatifs.

1. En février 42, le *MV Struma* (navire) transporte 768 juifs fuyant la Roumanie et le régime fasciste d'Antonescu. Refuser initialement par les britanniques sur Ordre du Foreign Office, le navire est récupéré par les autorités Turques qui l'envoient à la dérive, en pleine mer Noir. Touché par une torpille soviétique au large d'Istanbul, le navire finit coulé et emporte avec lui la vie de ces passagers.

2. Cinq ans plus tard, en 1947, le navire *Exodus* transporte 4500 rescapés de la Shoah venant d'Allemagne, mais est arrêté par les britanniques à Haïfa. Au gré de multiples péripéties, ces juifs sont finalement renvoyé à Hambourg en zone d'occupation britannique et entament alors une grève de la faim pour protester. En choquant largement l'ensemble des populations occidentales, l'affaire trouvera ses échos dans les médias et restera ancrée au sein des mémoires sionistes pour de très longues années.

17. Le Yichouv avait-il une armée ?

- *Hashomer, la Hagannah et l'Irgoun*

o   Afin de protéger les terres acquises après la 2nde Alyah, le Yichouv crée en 1909 le premier groupe d'autodéfense juif, Hashomer. L'organisation vise à être la future armée nationale juive, mais perd de son importance au fil des années. Après les émeutes de Nabi Musa en Avril, Hashomer est définitivement remplacée par la Haganah en Juin 1920. C'est cette dernière organisation qui restera l'organisation paramilitaire principale jusqu'à la proclamation d'indépendance en 1948. L'année 1931 voit toutefois la création d'une nouvelle organisation paramilitaire qui se veut plus radicale : c'est l'Irgoun. Elle se fonde sur l'idéologie de Vladimir Jabotinsky, incarnation de l'aile droite du Yichouv, et sera tristement connue pour l'attentat du King David en 46 organisé notamment par Menahem Begin ; premier ministre israélien 30 ans plus tard, en 1977.

- *Coopération judéo-britannique*

o   Comme ce fut le cas lors de la première guerre mondiale, lors du massacre d'Hébron en 1929 ou des révolutions Arabes en 1936, une vraie coopération prend place entre les forces armées juives et les soldats britanniques, malgré la réticence de ces derniers à l'immigration juive externe. Des divergences internes se créent cependant au sein des branches paramilitaires juives, ce qui n'encourage pas l'harmonie. Notamment entre la Haganah et l'Irgoun, dont le premier reproche à la seconde sa radicalité.

- **Création de LEHI**
o À la suite des révoltes Arabes de 1936-1939, une tenson certaine s'impose entre juifs et arabes. Chargés de conséquences, se crée ainsi en 1940 la 3e organisation paramilitaire juive : LEHI « *Combattants pour la liberté d'Israël »,* par Abraham Stern, ancien membre de l'Irgoun.

Cette organisation vise à être plus radicale que l'Irgoun, est condamné par la Hagannah de Ben Gourion, et affiche une grande hostilité à l'égard de l'Empire Britannique. Elle organisera notamment plusieurs attentats contre ces derniers de 40 à 48, même si on retiendra surtout l'assassinat de Folke Bernadotte, émissaire de l'ONU ayant proposé le premier squelette, refusé par les deux camps, du plan à deux États en 47.

- **Tsahal**
o Après la proclamation d'indépendance le 14 Mai 1948, plusieurs conflits opposeront ces différentes organisations paramilitaires juives. En Juin 1948 par exemple, Ben Gourion décide de bombarder le navire Altalena transportant des armes étant destiné à l'Irgoun de Begin. L'épisode sera d'ailleurs à l'origine d'une rivalité entre les deux hommes, qui se constituera par la suite sur le terrain politique.

o Dans le sillon de la première guerre israélo-arabe, et ce malgré les divergences de point de vue et les oppositions, l'Irgoun, LEHI, et le Palmah – une autre force paramilitaire juive – finissent par se rallier au front commun pour intègrer l'armée israélienne devenue officielle, Tsahal.

18. Comment la politique britannique réussit-elle à mécontenter Juifs et Arabes ?

- *À l'origine*
o 1915: Échanges de lettres entre les britanniques et le Chérif Hussein de la Mecque dans lesquelles un État Arabe unifié, comprenant la province de Palestine, lui est promis. Le nationalisme arabe est concrétisé.

Mai 1916 : Accord secret de Sykes-Picot avec les Français qui visent à un partage du proche Orient. Ce partage prévoit notamment que le Grand État-Arabe promis soit sous influence anglaise et française. Les volontés colonialiste viennent contredire les promesses faites aux arabes quelques mois plus tôt.

2 Novembre 1917 : La déclaration Balfour promet l'établissement d'un foyer national juif en province de Palestine pour diverses raisons. Le nationalisme juif est concrétisé.

- *Divide ut regnes*
o Dans une logique typique des gouvernements colonialistes, la politique Britannique en Palestine ne fut pas tant éloignée de celle menée dans d'autres pays tels que l'Inde. La stratégie mise en place fut simple : *diviser pour mieux régner*.
Dans un processus bien similaire à celui implanté en Syrie, la politique britannique a en effet nuit à la cohérence de l'ensemble des Arabes palestiniens chrétiens et musulmans. La forme adoptée était la suivante : éloigné les différentes communautés entre

elles, soit la communauté arabo-musulmane et arabo-chrétienne, à travers l'incitation au regroupement communautaire. Tout cela pour permettre les oppositions, et apparaître comme un médiateur indispensable à la paix entre les deux communautés, ainsi qu'entre ces deux communautés et la communauté sioniste : « Si les communautés se font la guerre entre elles, elles ne feront pas la guerre à l'occupant ». La logique colonialiste britannique a ainsi nuit à la cohérence des arabes palestiniens et à leur nationalisme, tout en favorisant les rivalités entre arabes et juif.

- *Le Livre Blanc de 1939*

o *« Le gouvernement de sa Majesté déclare univoquement que l'établissement d'un état juif ne fait plus partie de sa politique ».*

o Après avoir servi de tremplin au mouvement sioniste en 1917, les Britanniques se retrouvent 22 ans plus tard dans une position opposée. Ce nouveau livre blanc fait état d'une restriction drastique de l'immigration juive, et d'une interdiction pour les sionistes d'acheter des territoires en Palestine. Le virage est conséquent, et mène les Britanniques à promettre, en contrepartie ou par conviction, l'établissement d'un foyer national palestinien dans un intervalle de 10 ans. La proposition reste toutefois caduque après avoir été rejetée par le président du Haut Comité Arabe, Haj Amin al-Husseini, qui sera par la suite largement critiqué par l'ensemble des membres du comité.

- *Après la guerre*

o   Les intérêts coloniaux initiaux se sont vu être rentable puisque la Palestine mandataire fut un endroit stratégique pour les Britanniques lors de la guerre, notamment par l'installation de campements militaires qui ont renforcé leur contrôle du Moyen-Orient.

Mais après avoir commencé par des bombardements italiens en Septembre 1940, puis en Juin 1941, les tensions disparaissent à l'automne 1943. Elles sont alors remplacées dès 1944 par des conflits prenant place entre sioniste et Britanniques, avec le 6 Novembre 1944 l'assassinat de Lord Myne, ministre d'État britannique au Moyen-Orient par un membre de LEHI. Un attentat toutefois condamnée par la Hagannah de Ben Gourion, qui n'entrera en conflit avec l'occupant britannique qu'en Octobre 1945.

o   Du côté des Arabes palestiniens, les aspirations et les promesses faites se trouvent être discrédité au vu de la coopération du grand mufti de Jérusalem avec Hitler. Après la guerre, les Britanniques ne se rapprochent donc pas du HCA, sans pour autant retirer le Livre Blanc établit en 1939 ; mécontentant ainsi Arabes et Juifs.

19. Pourquoi les Britanniques sont-ils des cibles des organisations paramilitaires juives ?

- *1939-1945* :

o Les migrations, qui concernent principalement des rescapés de la Shoah restent fortement restreintes après la mise en place du Livre Blanc de 1939, appliqué rigoureusement. D'autant que s'ajoutait pour les juifs depuis septembre 1939 l'inquiétude suscitée par l'invasion allemande de la Pologne, où vivait une forte communauté juive. Les organisations paramilitaires juives tels que l'Irgoun ou LEHI entament alors des stratégies pour permettre l'arrivé de ces nouveaux migrants clandestins lors de la guerre, qui seront plus de 80 000 à rejoindre la Palestine mandataire de 40 à 48. Mais la guerre terminée, les tensions repartent de plus belle et comportent une nouvelle caractéristique, puisqu'elle s'opère à la fois entre Juifs et Arabes, mais aussi contre la force mandataire en place.

o Après le départ de Churchill et l'arrivée du ministre des Affaires Étrangères Ernest Bevin milieu 45, les relations judéo-britanniques se dégradent largement. Bevin, soucieux de conserver les bonnes relations qu'il entretient au sortir de la guerre avec les États-Arabes, entame une politique fondamentalement antisioniste, en refusant toute venue de rescapés ayant fui la Shoah. Après l'accord du Foreign Office de seulement mille cinq cents passeports sur les cent mille demandés, le 1e Octobre 1945 Ben Gourion lance un appel général à la lutte armée contre les Anglais. Au vu des refus, la lutte contre la puissance coloniale parait essentielle pour les juifs, et marque le début du déclin britannique.

- *1945 – 1947*
  - Entamé dès le 10 Octobre 45 par la libération de prisonniers du Camp d'Atlit, les conflits armés ne cesseront pendant près de deux ans. En riposte aux nombreuses attaques commises, les britanniques entament le 29 Juin 1946 l'opération *Agathe* visant à liquider les membres de la Hagannah et de l'Agence Juive. Connu par de brefs rumeurs deux semaines avant, elle fera 3000 prisonniers, parmi lesquels très peu de haut rangs de la Hagannah ou de la Histadrout. Pour répliquer, l'Irgoun prévoit une opération sanglante qui marquera définitivement les britanniques. Dirigé par Menahem Begin le 22 Juillet 1946, une bombe éclate à l'entrée de l'hôtel King David à Jérusalem. Elle emmène avec elle 91 personnes dans lesquelles on compte à la fois des britanniques et des juifs palestiniens. Bien qu'il soit dès le lendemain vigoureusement condamné par l'Agence Juive, l'attentat marquera largement les esprits et sera un symbole de cette lutte « anticoloniale » revendiquée par les membres de l'Irgoun.

  - Un an plus tard, en 47, commence la guerre civile entre Arabes et Juifs palestiniens, ou les britanniques interviendront par conséquent que très peu. Ayant pris conscience que le territoire ne constituait plus un intérêt stratégique, en plus de devenir trop instable pour être administré, ils décident de mettre fin à 30 ans d'occupation. Le 14 Mai marque ainsi le retrait de l'Empire Britannique, et l'arrivé du nouvel État d'Israël.

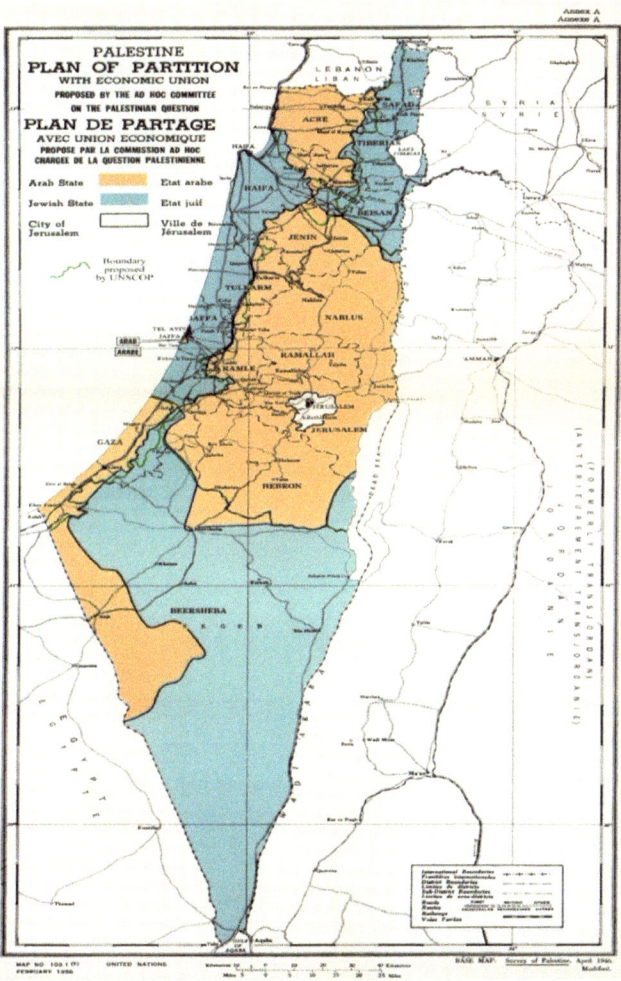

20. Comment le plan de partage de l'ONU en 1947 envisage-t-il le sort des populations juives et arabes ?

- *Remise en contexte*

o Le 18 Février 1947, l'empire britannique fait officiellement connaitre sa volonté de mettre fin à son mandat. Dans le même temps, les représentants de la Grande-Bretagne à l'ONU annoncent aux Américains qu'ils comptent se retirer de la guerre civile grecque, tandis que Lord Mountbatten est envoyé en Inde pour négocier l'évacuation du pays. L'empire britannique ne rayonne plus comme autrefois, et le plan Truman annoncé en Mars 47 est bel et bien révélateur de cette transition de puissance. Les conflits entre juifs et arabes palestiniens s'intensifient, s'approchant progressivement de la guerre civile, et l'ONU crée le 15 Mai 47 l'UNSCOP : « Comité Spéciale des Nations Unies de la Palestine »[8], pour entamer un processus de paix essentiel. Après diverses évocations comme celle d'un État fédéré en Septembre – qui n'aboutira pas – cette nouvelle entité propose le 29 Novembre 1947 un plan de partage de la Palestine en deux État, retranscrit par une résolution adoptée par la communauté internationale, la résolution 181.

---

[8] Traduction de "United Nations Special Committee On Palestine"

<u>Que prévoit cet résolution 181 ?</u>

Le plan est une solution qui vise à bâtir deux États et recommande le partage de la Palestine Mandataire Britannique en 8 parties :

- 3 à un état juif
- 4 à un État Arabe sans continuité territoriale, une enclave étant présente entre le port et la zone urbaine de Jaffa. Selon la commission, l'enclave est présente pour « éviter le transfert de population ».
- Sous contrôle de l'ONU, Jérusalem n'est attribué à aucun des deux camps pour certifier l'accès aux lieux saints pour tous.

- *Finalement*

o À l'issue de son adoption par les Nations unies, l'Agence Juive qui supporta largement la proposition de l'ONU l'accepte, tandis que les États Arabes ainsi que le président du HCA, Mohammed Amin Al-Husseini, pour qui tout plan de partage reste inacceptable, le refusent. Précision doit toutefois être faite puisque l'opposition arabe n'est pas apparu sans surprise. Les tensions internes au sein de l'ONU étaient déjà représentatives des positions bien avant l'adoption du plan.

o La première guerre civile, opposant juifs et arabes palestiniens, commence au lendemain de l'adoption de cette troisième proposition de plan à deux États, et marque le début d'une période qui ne cessera, encore aujourd'hui, de marquer les esprits.

21. Quelles sont les caractéristiques de la guerre civile judéo-palestinienne (30 Novembre 1947- 15 Mai 1948) ?

- *Remise en contexte*
  - La résolution 181 adoptée, une guerre civile commence. Elle s'étale sur les six derniers mois du mandat britannique, qui de leurs côtés organisent leur retraite ; d'où leur presque non-intervention dans les affrontements.

- *Une organisation différente*
  - Les forces militaires Juives sont, comparées à avant, beaucoup mieux organisées au niveau structurelle et militaire. La branche armée regroupe 35 000 hommes, dont beaucoup de jeunes ayant décidé volontairement de s'enrôler au cas où une guerre venait à avoir lieu, et font notamment partie de l'Alyah de la période 1939-1948.

  - Le Haut Comité Arabe était quant à lui réparti dans 3 villes différentes, tandis que d'autres organisations composés d'arabes palestiniens, rivaux du HCA, se créaient dans le même temps. D'autant que ces dernières ont été influencées par la récente création de la *Ligue Arabe* –organisation regroupant l'ensemble des États Arabes de la région– qui s'est ajouté au nombre de représentants. Par la multitude des organisations, et la difficulté de porter une voix à l'unisson qui va avec, l'unité de la force militaire des arabes palestiniens était donc bien loin de celle des juifs.

- *Une guerre civile sanglante*

o Cette guerre civile est notamment connue pour sa violence qui ne cesse d'augmenter au cours du temps. Elle se traduit par la perpétration d'attentats terroristes continuels de la part des deux camps. Des grenades jetées dans la foule, des attaques au marteau et à l'épée, des gens brûlés, décapités, des tueries de masses faisant parfois plus de 70 morts en une journée, ou des massacres comme celui de Deir Yassine qui fait 100 morts du côté Arabe en un seul jour, en sont une partie intégrante. Deir Yassine, notamment, restera un événement symbolique ancré dans les mémoires palestiniennes. La guerre civile fera en tout 5 000 morts, et provoquera le départ de 250 000 – 300 000 arabes palestiniens, ainsi que la première grande guerre générale et officielle entre Israël et ses voisins..

22. Quels sont les aspects de la déclaration d'indépendance du 14 Mai 1948 ?

- *Rappel*

o Le Mandat Britannique sur la Palestine s'achève le 14 Mai 1948. 37 membres du « Conseil Provisoire de l'État » qui fait office de parlement au Yichouv, se réunissent à Tel-Aviv sous la présidence de David Ben Gourion pour proclamer officiellement la naissance de « L'État d'Israël ».

o Revendications :

- Un « *droit naturel et historique* ». C'est le fondement de l'argumentaire sioniste. « *La terre d'Israël est le lieu où naquit le peuple juif. C'est là que s'est formée son identité spirituelle, religieuse et nationale.*» déclarât Ben Gourion en guise d'introduction.
- Une *légitimité*. Que ce soit par la reconnaissance interne passée par le congrès de Bâle en 1897 ; ou internationale, permise par la déclaration Balfour en 1917 et l'évocation de la solution à deux États par l'ONU en 1947.
- D'un point de vue sécuritaire, Israël apparaît comme la confirmation de la nécessité d'une patrie juive pour accueillir les survivants des persécutions historiques, même si David Ben Gourion ne fait qu'évoquer l'holocauste.
- Des droits égaux. « *Il veillera au développement du pays au bénéfice de tous ses habitants ; il sera fondé sur les principes de liberté, de justice et de paix[...],il assurera une complète égalité sociale et politique à tous ses*

citoyens, sans distinction de religion, de race ou de sexe »

- Un appel à la diaspora. *« Nous demandons au peuple juif de par le monde de se ternir à nos côtés dans la tâche d'immigration et de développement, et de nous aider dans la grand combat pour la réalisation du rêve des générations passées ; la rédemption d'Israël. »*[9]

  - *Dans quel contexte l'État d'Israël fut-il accepté par les Nations unies ?*

o À l'aube de cette déclaration et de l'Holocauste qui l'a précédée, le mouvement sioniste a très largement bénéficié d'un soutien international. Les États-Unis et l'URSS reconnaissent ainsi l'état Hébreu quelques heures après la déclaration.

o Toutefois, l'assertion selon laquelle : « L'état a été reconnu grâce à la mauvaise conscience des occidentaux. », doit être remise dans un contexte géopolitique bien spécifique à la période d'après-guerre. L'URSS s'est toujours opposé, fermement, contre l'idéologie sioniste dès les années 20. Et le contexte immédiat de l'après-guerre mondiale révèle bel et bien la volonté, des deux empires que sont les États-Unis et l'URSS, de sortir les britanniques du jeu moyen-orientale afin de redessiner la carte du monde. La mauvaise conscience est donc une arrière-pensée que l'on ne peut déterminer. L'histoire n'est pas une

---

[9] Encel, F., 2018. *Atlas géopolitique d'Israël*. 5th ed. Autrement, p.82. Vous pouvez aussi trouver la déclaration à l'adresse suivante : https://www.axl.cefan.ulaval.ca/asie/israel-declaration-indep-1848.htm (Version française)

doctrine scientifique. Mais le contexte géopolitique est primordial pour comprendre les enjeux qu'entraînent cette reconnaissance. Souvent omis, il est important de le rappeler pour comprendre la place du politique et de ses conséquences dans ce conflit.

23. Qu'est-ce que la première guerre israélo-arabe de Mai 1948 - Avril 1949 ?

« La guerre a surpris les Arabes désorganisés et sans chef. Ils ne s'étaient pas remis de leur défaite pendant la rébellion, ils avaient moins de combattants que les Juifs et ceux qu'ils avaient étaient insuffisamment équipés. » [10]

- *Remise en contexte*

o Les états arabes voisins d'Israël (Égypte, Syrie, Jordanie, Irak, Liban), ayant constaté la défaite des arabes palestiniens auxquels se sont mêlés leurs volontaires lors de la guerre civile, et condamnant fermement la déclaration d'indépendance, décident, le 15 Mai 1948, de prendre les armes contre le nouvel État d'Israël.

- *Une défaite*

o Des deux côtés, même si la supériorité numérique de l'un ou de l'autre diffère selon les avis, tout historien

---

[10] Segev, T., 2014. *One Palestine, complete*. London: Abacus, p.509. *La phrase originelle est en anglais :* "The war caught the Arabs unorganized and leaderless. They had not recovered from their defeat during the rebellion , and they had fewer combatants than the Jews and those they had we inadequately equipped". La supériorité numérique doit cependant être nuancée car j'ai trouvé l'information inverse dans le livre de Frédéric Encel : *« L'avantage numérique et matériel initiale dont dispose les coalisées arabes[...] » p.19.* Je n'ai pas trouvé de chiffre dans le livre d'Ian Black pour trancher.

s'accorde pour dire que les expériences de terrains ne sont pas équivalentes. Les Juifs sortent tout juste d'une guerre civile qui a permis de les fédérés, bénéficient d'élément assez jeune en leur sein ayant connu la 2nde Guerre Mondiale –27 000 d'entre eux y ont participé aux côtés des forces britanniques–et sont largement unifiées du point de vue politique par le proto-État qu'est le Yichouv. Tandis que les États Arabes manquent de cohésion et n'arrivent pas à coordonner leurs efforts - point suivant. Les Juifs parviennent ainsi à acquérir plus rapidement du matériel militaire, et malgré des conflits intenses prenant place en Mai-Juin 1948, le premier conflit israélo-arabe se solde en décembre par une victoire israélienne.

- • *Des causes multiples*
- o Au-delà de l'aspect martial, des composantes géopolitiques et politiques propre à chaque État Arabe s'ajoutent au contexte de cette première guerre et expliquent la défaite de la coalition arabe.

En premier lieu, les idéaux tendent à se confondre avec les intérêts nationaux propres à chacun. Déjà esquissée en 1945 avec la création de la Ligue Arabe, l'Égypte désire devenir l'élément incontournable dans la région tandis que le royaume Transjordanien cherche à agrandir son territoire en investiguant notamment, lors de la guerre, les villes de Ramallah et Naplouse situés en Cisjordanie.

- o À la suite des indépendances obtenues au gré de lutte mené contre les forces mandataires, ou des conflits traumatique comme la guerre anglo-iraquienne, les forces militaires présentes au sein des pays arabes restent limité. Leur rôle est restreint au contrôle des affaires internes du pays, et la force armée propre à chacun ne constitue pas un rempart à la potentielle menace d'une puissance extérieur. Face à la guerre palestinienne, les gouvernements arabes se sentent bien sûr obliger d'intervenir certes, mais restent donc méfiant à l'égard de leurs *alliés* hypothétiques. Face au dévoiement des forces militaires à partir de Juillet 1948, ils ne décident donc pas de perdurer dans la durée et chacun limite ainsi le déploiement de ces forces pour assurer en parallèle la sécurité de son État.

o La défaite reste tout de même un choc moral pour les différents États-Arabes et précède une série de coups d'états dans la région comme celui qui prend place en Syrie en Mars 1949, ou en Égypte lorsqu'en Juillet 1952 Nasser renverse le Roi Farouk. Cette guerre constituera par conséquent la cause majeure des guerres qui suivront ; à savoir la Guerre de Six-Jours en 67, puis la guerre de Kippour en 73.

- *Des conséquences territoriales et démographiques*

o Les conquêtes israéliennes et arabes :
   a. Israël agrandit son territoire et contrôle maintenant 77% de l'ancienne Palestine Mandataire Britannique (cf. carte Question 26), contre les 55% proposés par la résolution 181.
   b. La Jordanie annexe la Cisjordanie ainsi que Jérusalem-Est pour devenir le royaume de Jordanie.
   c. L'Égypte contrôle, mais n'annexe pas la bande Gaza.

o Exode :

- Cette guerre, ainsi que la Guerre civile qui l'a précédée, provoque l'exode d'au moins 700 000 palestiniens, qui *fuient ou sont expulsés* par des combattants juifs des territoires qu'ils habitaient[11]. Il faut souligner ici que l'interprétation des causes et des motivations de ce départ peut varier selon les historiens et marque souvent les passions. Les conséquences, toutefois, ne font pas débat. Cet exode sera l'origine première d'une grande instabilité dans la région, et notamment au Liban ou en Jordanie.

- À la suite de cette exode massif, 600 000 juifs se voient eux aussi contraint de partir ou sont expulsées des pays Arabes au cours des 3 années qui suivront [Q.27].

---

[11] Voir les composantes du *Plan Dalet*, (Ian Black, Ennemies and Neighbours, p.115-122)

1949

LIBAN

Damas

SYRIE

Acre

Haïfa

Galilée

Golan

Nazareth

Naplouse

Tel-Aviv

Cisjordanie

Amman

Jourdain

Jérusalem

JORDANIE

Gaza

Hébron

Mer Morte

Beersheba

ISRAËL

Néguev

ÉGYPTE

Sinaï

50 km

Eilat

État juif

Pays arabes

Jérusalem
partagée
entre Israël
et Jordanie

Ligne verte

5

24. Le jeu des frontières. Qu'est-ce que la *Ligne Verte ?*

- *Les accords israélo-arabes*
  - o À l'issue de la 1e guerre en 48, Israël signe des traités d'armistices avec chaque état, à l'exception de l'Irak qui retire ses troupes en Mars 49.

- Accord israélo-égyptien : Une frontière est définie entre les deux pays, laissant à l'Égypte le contrôle de la bande de Gaza.

- Accord israélo-transjordanien : Il permet le maintien des forces en place sur les positions conquises par la Transjordanie pendant la guerre, à savoir la Cisjordanie et Jérusalem Est.

- Accord israélo-Libanais et israélo-Syrien : Il fixe lui aussi les frontières entre Israël, le Liban et la Syrie, suivant les anciennes frontières internationales. Ainsi que pour le Liban, le retrait des troupes israéliennes présentes en territoire libanais après la fin de la guerre.

  - o Les frontières délimitées entre Israël et ces 4 pays délimitent ce qu'on appelle la *Ligne Verte*, qui disparaîtra physiquement à partir de 1967 lors de la Guerre des Six-Jours.

- *Finalement*

o Cette ligne verte constitue donc les premières frontières d'Israël. Et pour ceux qui se posent la question, elle tire son nom de la couleur du crayon avec laquelle elle fut tracée lors des accords.

- *Deux Jérusalem*

o Elle sépare aussi distinctement de 1949 à 1967 Jérusalem. Jérusalem-Est (où se situent les lieux saints) est sous administration Jordanienne tandis que Jérusalem-Ouest est sous administration israélienne. La ville permettra ainsi de constater l'écart de développement et les considérations de chacun.
Elle est en effet une ville sainte pour Israël qui tient à la développer. Alors qu'elle est considérée comme une ville de second rang pour l'État Jordanien, qui en vient même à créer des latrines sur le Mur occidental : lieu sacré pour les musulmans, et les juifs, à qui l'accès est interdit durant cette période.

o Bien qu'étant matériellement inexistante aujourd'hui, la ligne reste un symbole pour les palestiniens, qui considèrent que seul un retour à cette dernière permettrait un état palestinien concret. Pourquoi ? Parce que c'est à partir de sa disparition en 67 que les colonies/implantations israéliennes ont commencées à se créer. Réclamer le retour aux tracées de la ligne Verte revient donc à condamner l'arrêt de l'expansion israélienne qui s'établit au-delà, dans les territoires de Cisjordanie et encore récemment de Gaza.

- *Ce qu'elle représente officiellement*

o Malgré la présence de plus de 80 000 habitants dans les colonies/implantations israéliennes en 1990, la ligne verte reste une base de référence lors des accords de Paix tel que ceux d'Oslo en 1993, ou les dirigeants israéliens et palestiniens se baseront sur elle pour tenter de délimiter leurs frontières respectives. Les accords ont cependant échoué, et la ligne, avec le statut quo instauré depuis de nombreuses années, n'a depuis pas été considéré sérieusement par les différents dirigeants politiques.

- *Ce qu'elle représente en réalité*

o Si les revendications sont et seront toujours présentes, les réalités du terrain restent différente. De nos jours, la vraie ligne de démarcation entre les palestiniens de Cisjordanie et Gaza et les israéliens est matérialisée par la barrière ou le mur peu importe qui sépare la Cisjordanie et Israël, et qui ne suit que de 20% le tracé de la ligne verte [Q.76].

- *Le fond du sujet*

o Ce qu'il faut bien comprendre, ce sont les causes idéologiques qu'il y a derrière le jeu des frontières. Chacun des deux camps considère cette terre comme la sienne, qu'elle que soit les raisons, voici un fait. Donc lorsque l'un est contraint de céder à l'autre un bout de son territoire, les conflits se renforcent, et perdurent.

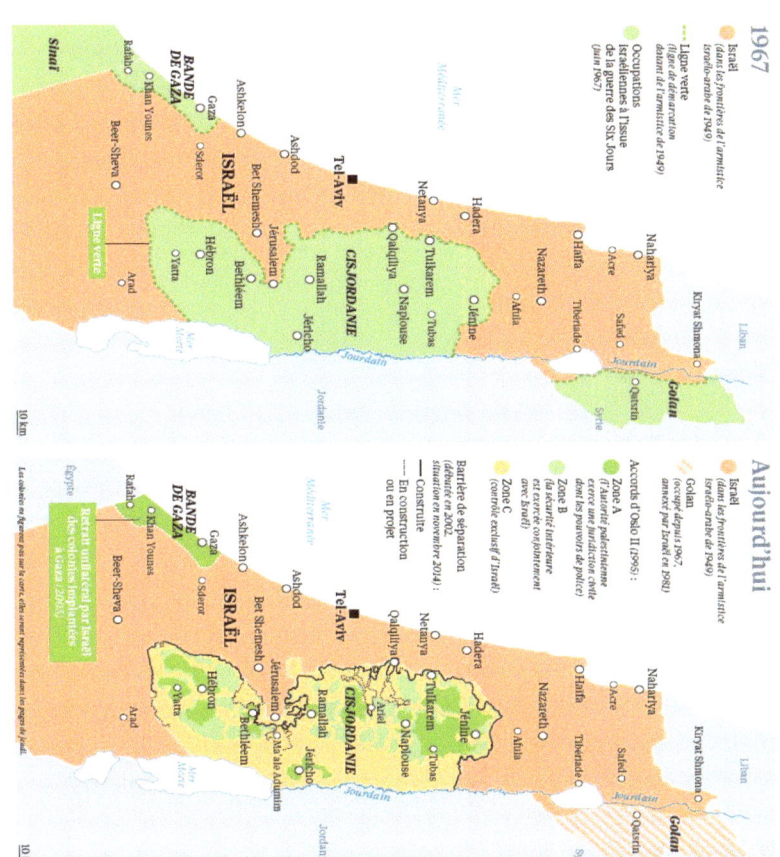

25. Pourquoi le premier gouvernement palestinien proclamé en 1948 ne s'impose-t-il pas ?

- *Avant 1948*

o L'émergence d'un gouvernement palestinien avant 1948 peine à se faire ; que ce soit dû à la situation géopolitique interne qui n'est pas propice, ou aux pays arabes qui craignent que leurs intérêts personnels soient effacés par la possibilité d'une nouvelle concurrence à leur influence dans la région.

- *Émergence du projet*

o En Septembre 1948, le projet est lancé avec la création du « Gouvernement de toute la Palestine » sous l'égide de l'Égypte, qui proclame l'indépendance d'un état palestinien. Les états arabes : l'Égypte, la Syrie, L'Irak, le Liban, l'Arabie Saoudite, et le Yémen, le soutiennent à l'exception de la Transjordanie qui cherche à maintenir une assise en Cisjordanie.

- *Pourquoi ne s'est-il pas imposé ?*

o Pour que ce nouveau gouvernement s'impose, il faut qu'il soit reconnu par tous et non pas uniquement par les États-Arabes. Le fait est que la personnalité de Mohammed Amin al-Husseini (président du HCA) est au début écarté pour le poste de président car au contact de Hitler et de l'Allemagne Nazie pendant la guerre. Son passé collaborationniste empêcherait donc la reconnaissance du nouvel État par les États Occidentaux.

Mais le 30 Septembre 1948, le conseil national palestinien le porte à sa présidence. L'État palestinien avec Jérusalem comme capitale est donc proclamé par le grand mufti de Jérusalem.

Mais comme c'était escompté, la personnalité de son président empêche toute reconnaissance par les acteurs internationaux. Ce gouvernement palestinien finira donc par n'être qu'un simple symbole, dont l'autorité s'étend juste sur la bande de Gaza passé sous le contrôle de l'armée égyptienne depuis la fin de guerre.

- *Parallèlement*

o Le 30 Septembre 1948, le roi Abdallah de Jordanie réunit un congrès palestinien qui rejette la légitimité de ce « Gouvernement de toute la Palestine ». Deux mois plus tard, un congrès de cinq cent notables palestiniens réuni à Jéricho le 1er Décembre proclame la souveraineté du Roi Hachémite Abdallah sur la Palestine, ainsi que le rattachement de la Cisjordanie au royaume de Transjordanie. En plus de la personnalité de son président, le refus de la Jordanie et de son Roi n'a donc pas permis à ce gouvernement d'avoir la légitimité escomptée.

26. Que supposent le Droit au retour et la Loi du Retour ?

Le Droit au retour

o   Les différents exodes, à la fois des palestiniens et des juifs des pays arabes, font émerger l'espoir, ou du moins la volonté, d'un retour dans les terres d'origine qu'ils ont fui ou dont ils ont été expulsés. Il est donc restée, et ce malgré une conscience collective de son irréalisation, ancré dans les revendications.

- *Pour les palestiniens*

o   Le droit au retour constitue pour les réfugiés issus du peuple palestinien, donc les Arabes issues de la Palestine Mandataire Britannique et leurs descendants, le droit de retourner en Israël, après l'exode massif de 1948-1949. Mais ce droit malgré sa revendication n'a pas été pris en compte dans les différentes négociations des années 70-90, hormis celles d'Oslo qui permettent le retour d'Arafat et de ces proches en Cisjordanie. Pour légitimer ce droit, les palestiniens revendiquent un droit à une terre perdu. Tandis que les israéliens juifs justifient leur refus en évoquant un argument sécuritaire au regard des rivalités.

- *Pour les juifs issus des pays arabes*

o   Le droit au retour des *mizrahim* (juifs orientaux) fait référence à leur droit de retourner dans les pays arabes dont ils sont issus, après les fuites et les expulsions ayant suivi la 1e guerre. Il permet par conséquent de faire contrebalancer le droit au retour des réfugiés palestiniens. D'où la présence d'un conflit.

- *Que stipule la <u>Loi</u> du retour ?*

o La loi du retour quant à elle est une loi votée en 1950 par la Knesset, le parlement israélien, et fixe le droit pour chaque juif quel que soit son pays d'origine de venir en Israël, en obtenant un visa d'immigration. Elle limite toutefois l'accès à ceux : « *qui dirigent une activité contre le peuple juif ou qui mettent en danger la sécurité de l'État ou la santé publique.* », et sera 2 fois amendée. La première fois en 1954 , ou il est précisé qu'« *il ne faut pas avoir un passé de délinquant* », l'état juif ne peut être selon les gouvernants un « *refuge pour les criminels juifs* ». La seconde en 1970 lorsqu'est posée la question suivante : Qui peut se dire juif ? La réponse est clair « *Est considéré comme juif toute personne ayant eu un grand-parent juif* ». Le droit est par ailleurs étendu au conjoint, même si celui-ci est un non-juif.

- *Les Éthiopiens font débat*

o Comme elle touche aux convictions religieuses de chacun, l'adoption du second amendement a refait émerger un grand débat en Israël. En effet, qui décide de reconnaître la judaïté de chacun ? Selon quelle critère ? En 1948, la question se pose pour les juifs éthiopiens. Ces derniers ne voient pas leur judaïté être reconnue par le Grand-Rabbinat : l'instance religieuse en Israël. Même si la situation évolue en 1973 lorsque le grand rabbin séfarade reconnaît leur judaïté. Mais une décision du Grand rabinat d'Israël nécessitant l'aval des deux grands rabins - ashkénazes et séfarades- le débat se pose. Il est finalement réglé en 1975, année où le gouvernement donnent aux éthiopiens le droit de migrer en Israël, même si il s'avérera qu'un rituel spécifique leur sera imposé.

o   Après les considérations idéologiques se pose toutefois un autre problème : celui du rapatriement. Il s'avérera complexe et les juifs éthiopiens n'arriveront en Israël que dans les années 1980, grâce à deux opérations dirigées par les services secrets du Mossad ; les opérations *Moïse* et *Salomon* [Q.63].

Résumé de la Période : 1949-1967

La situation des réfugiés palestiniens à la suite de l'exode de 1948-1949 dépend largement de l'État Arabe dans lequel ils se trouvent. La Jordanie accorde par exemple la citoyenneté Jordanienne aux réfugiés, tandis que les égyptiens refusent de les laisser entrer dans le pays. Que les conditions soient bonnes ou mauvaises, aucun d'eux ne veut en fait réellement constituer un état de substitution, et chaque état cherche à tirer parti de la cause palestinienne, que ce soit à des fins politiques ou pour accroître son influence dans la région en se plaçant en défenseur.

De cet exode de 700 000 palestiniens, a découlé, par suite, un exode des juifs des pays Arabes répartis à travers les territoires du Maghreb et du Proche-Orient. Ainsi, dans la période qui va de 1948 à 1951, c'est 600 000 juifs qui arriveront en Israël – sur en tout 800 000 qui arriveront dans un intervalle de 20 ans. D'autres juifs orientaux, appelés d'ailleurs les *mizrahims,* fuiront quant à eux vers l'Europe ou les États-Unis.

Le fait que les réfugiés palestiniens soient dispersés dans la plupart des états arabes voisins ne facilite pas l'unité et les revendications nationalistes palestiniennes indépendantes, qui peinent donc à se faire entendre. Seulement, en 1959 une toute nouvelle organisation se crée. Son fondateur est un homme parfois controversé, mais central dans ce conflit : c'est **Yasser Arafat.** Il incarnera la cause palestinienne tout au long de sa vie.

L'organisation qu'il crée prend le nom de **Fatah,** et se distingue de ses homologues à travers deux axes principaux : le premier est la lutte armée, le second est l'indépendance de la cause palestinienne qui se veut être libre de toute influence étatique. Les idées commencent donc à prendre une forme, a s'agréger autour du structure concrète. Même s'il faut dire que l'organisation ne fut pas influente à ses débuts à l'ombre de l'ombre de la toute nouvelle OLP.

L'Égypte, qui se veut être la force dominatrice dans la région, crée en 1964 **l'Organisation de Libération de la Palestine (OLP).** Celle-ci est fondée avec l'approbation de la plupart des États Arabes qui voient en elle le moyen de soutenir politiquement le peuple palestinien.

L'OLP regroupe ainsi à partir de 1967 les 8 organisations principales sensés représentés la cause palestinienne, parmi lesquelles nous comptons le Fatah de Yasser Arafat, la SAIKA (rattaché à la Syrie) ou encore le FLA (rattaché à l'Irak). Dans sa charte, l'organisation déclare comme le Fatah que son combat passe par la lutte armée et ne reconnaît pas l'existence d'Israël. Son but final étant le suivant : établir un état palestinien sur le territoire israélien, la Cisjordanie et la Bande de Gaza.

Mais alors pourquoi ce regroupement de 8 organisations autour de l'OLP ? L'année 1967, et tout particulièrement le mois de Juin, marque un réel tournant dans ce conflit. Le statut de Jérusalem, la politique expansionniste du gouvernement actuelle, le statut des colonies/implantations en Cisjordanie, les accords politiques et leurs conséquences, les guerres suivantes, tout part de la. À la surprise de tous, que ce soit au niveau international ou des États-Arabes voisins, éclate le 5 Juin 1967 une guerre éclair : c'est la **guerre des Six Jours.**

Face aux menaces grandissantes et avérées du représentant de l'OLP, de l'Égypte et de la Syrie, Israël attaque ses voisins par surprise et défait leurs armées. La guerre est vécue comme une humiliation par les États Arabes et de celle-ci découle plusieurs prises de territoires par Israël. La Cisjordanie, le Sinaï, Jérusalem-Est, la Bande de Gaza, et le plateau du Golan, passent sous le contrôle des israéliens. L'ONU réagit en adoptant la résolution 242, qui désapprouve ces récentes prises de territoires, et restera la résolution onusienne la plus importante du conflit. Pour diverses raisons, cette dernière demeura sur le moment inapplicable, et sera réfutée par les deux partis en 67. Tout en constituant par la suite l'objet auquel s'agrègent les revendications idéologiques des deux camps.

Au-delà des conséquences territoriales, la guerre des Six Jours marque aussi une fracture politique au sein de la société israélienne et fait émerger deux courants de pensée majeurs. Le courant du « Grand Israël » qui tient à garder les territoires conquis pendant la guerre et à les étendre. Et le second, qui considère que les territoires conquis doivent être restitués afin d'aboutir à une paix stable dans la région.

1949 :
o Établissement des premières frontières d'Israël par le tracé de la ligne lors des différents accords d'armistices.

1950 :
o Le Roi Abdallah de Jordanie annexe la Cisjordanie

1956 :
o Crise du Canal de Suez

1959 :
o Création du Fatah par Yasser Arafat

1964 :
o Création de l'Organisation de Libération de la Palestine (OLP) au Caire

1967 :
o Guerre des Six Jours : 5 au 10 Juin. Israël conquiert le Golan, la Cisjordanie, Gaza, et le Sinaï
o La résolution 242 de l'ONU est adoptée

27. Pourquoi parle-t-on d'un exode des juifs orientaux ?

- *Remise en contexte*
  - Après la guerre de 1948-1949, la qualité du niveau de vie des communautés juives orientales se détériore graduellement. L'exode des 700 000 palestiniens provoque en effet une forte hostilité envers les juifs des pays Arabes, considérés comme sioniste par les gouvernements. Ce qui amènera un nouvel exode, celui des juifs orientaux, aussi connu sous le nom de mizrahims.

Historique des migrations :

- *Égypte* :
  - 1945 : Des juifs commencent à être expulsés et des attentats à la bombe font des dizaines de morts .
  - 1956 : Le Caire retire aux juifs la nationalité égyptienne et confisque leurs biens
  - 1958 : Tout juif ayant quitté l'Égypte est interdit de séjour dans le pays
  - C'est près de 70 000 juifs qui fuient l'Égypte entre 1948 et 1972

- *Irak* :
  - Novembre 1948 : Le sionisme devient un crime d'opinion puni par sept ans d'emprisonnement.
  - 1950 : Les juifs perdent la nationalité Irakienne et leurs biens sont confisqués

- C'est près de 130 000 juifs qui fuient l'Irak entre 1948 et 1972

○ *Arabie Saoudite* : 43 000 juifs quittent la province de Najran
  Syrie : 30 000 juifs présents en 1943 | 200 en 1997
  Yémen : 16 000 juifs amorcent leurs immigrations forcés entre 1918 et 1949. L'émigration des juifs yéménites en 1949 passe notamment par *L'opération Tapis Volant.*
  Algérie : ≈ 130 000 départs | *Tunisie* ≈ 90 000 départs | Maroc ≈ 250 000 départs , dans la période allant de 1948 à 1958.

○ Il est communément accepté que ce sont à peu près 800 000 juifs qui seront expulsés ou contraint de partir des Pays Arabes en 20 ans, dont 600 000 dans la période de 1948-1951.

- *Polémique sur la charte de l'OLP en 1964*

○ La charte initiale de l'OLP datant de 1964 prévoit de renvoyer les juifs orientaux présents en Israël dans leurs pays d'origine. Ce qui ferait d'eux des apatrides puisqu'ils ne peuvent plus y retourner, le droit au retour des juifs dans les états arabes ayant été supprimés par ces derniers.
  Au contraire de leur volonté, les départs des états arabes permettront de renforcer démographiquement le nouvel état d'Israël en doublant sa population juive initialement présente en 1948.

28. Comment Israël accueille-t-il les migrants juifs après la guerre ?

- *1948-1970 : Controverse*
o À leur arrivée lors l'exode de 48 – 51, les juifs orientaux sont accueillis dans des camps aux conditions sanitaires dégradées, n'ont pas de revenu propre, et dépendent entièrement de l'Agence Juive – organe gouvernemental datant du Yichouv et chargé encore aujourd'hui de l'immigration juive en Israël.

o Ils sont jusque dans les années 1970 accueillis dans des centres au sein desquelles ils s'intègrent à la culture israélienne (apprennent l'hébreu, etc…), même si un certain écart se crée entre la population ashkénaze originelle -à l'origine du développement du pays- et la population mizrahim. Entre 1948 et 1970, les statistiques sur la délinquance juvénile en Israël mettent par exemple en exergue le fait qu'un jeune ashkénaze arrêté par la police a deux fois plus de chances d'être relâché qu'un mizrahim. L'intégration tangible n'a donc pas toujours été liée à celle des esprits.

- *1970- 2000 : Changement de politique*
o En 1967, la guerre de Six jours provoque l'arrivée de 50 000 juifs orientaux. Mais ce n'est rien face à l'arrivée des plus de 900 000 juifs soviétiques qui fuient pour la grande majorité le régime communiste dans les années 90 à la chute de l'URSS. Face à un trop grand nombre de migrants, le concept de « centre d'absorption » qui visait à intégrer chaque migrant à la culture israélienne,

ne peut plus être mis en place au profit d'une nouvelle politique, celle du « panier d'absorption ».

o Cette nouvelle démarche permet en effet au migrant de conserver sans distinction sa culture d'origine, même si cela a plusieurs conséquences spatiales. Puisque certes, le migrant peut s'installer où il le souhaite et comme bon lui semble, mais les aides dont il bénéficie pour nourrir sa famille à son arrivée disparaissent au bout d'un an pour l'obliger à se débrouiller seul, à prendre son destin en main. Toutefois, grâce aux migrants de même origine qui sont arrivés dans les précédentes Alyah, le migrant, et en particulier le migrant soviétique des années 90, bénéficie de l'aide des associations du pays d'origine ce qui ne permet pas la pluralité. L'approche renforce ainsi les appartenances communautaires – les russes habitent par exemple dans des quartiers spécifiquement russes comme celui de Mea Shearim, ce qui organise par suite l'établissement d'un nouvel ordre social informel [Q.34].

29. <u>Que veulent dire les termes suivants : Arabe, Arabe de Palestine, Juifs Palestiniens, Nakba, Fedayin, Intifada, Palestiniens, Israéliens ?</u>

- *Une rigueur nécessaire*

o Historiquement, et surtout si nous restons dans une perspective officielle, dire un « juif palestinien » ne revient pas à dire un « israélien ». Vice-versa, dire un « arabe de Palestine » ne revient pas toujours à dire un « palestinien », que ce soit pour la période historique à laquelle le terme renvoie ou pour la représentation qu'il implique. Cela peut paraître à première vue dérisoire, mais la rigueur doit être de mise dans un conflit comme celui-ci où les passions occupent une certaine place.

- *Arabe*

o Les Arabes sont les habitants issus à l'origine des peuple de la péninsule Arabique. Mais le terme s'est étendu aux individus considérant l'arabe comme leur langue maternelle. Ils regroupent donc la majorité des citoyens, ou les descendants de citoyens, des pays du Moyen-Orient et du Maghreb.

- *Arabes de Palestine/Juifs Palestiniens (période : avant 1948)*

o Le nom est explicite. Les juifs/arabes palestiniens sont les noms donnés aux juifs et arabes qui vivaient avant la création de l'État d'Israël en 1948, au temps de la Palestine Mandataire Britannique. Les arabes palestiniens peuvent aussi désigner tout simplement l'ensemble des palestiniens, tous initialement arabe. Mais le terme Arabe de Palestine visait à désigner en premier lieu une population habitant un espace, avant de désigner un peuple à part entière.

- *Palestiniens/Israéliens* (1948 – Aujourd'hui)
o Les israéliens renvoient simplement aux citoyens de l'état d'Israël. On y retrouve des juifs israéliens, et des arabes israéliens, au sein desquels on compte une majorité de musulmans et une minorité de chrétiens.
Tandis que pour les palestiniens, au vu des reconnaissances de l'état palestinien actuel qui varient selon chacun, c'est un peu plus complexe. Que la reconnaissance soit acquise ou pas, les palestiniens font intrinsèquement partie d'un peuple, le peuple palestinien, qui regroupe les arabes palestiniens issus de la Palestine Mandataire Britannique et leurs descendants.
Maintenant, la définition peut se compléter par ceux qui vivent sous le régime de l'Autorité Palestinienne en Cisjordanie et à Gaza, qui font maintenant partie d'un État reconnu par plus de 150 pays, l'État de Palestine. Ou même aux arabes israéliens qui ne sont pas partis d'Israël lors des périodes d'exode et qui se considèrent ainsi comme des palestiniens d'Israël malgré leur citoyenneté israélienne. Le sens des mots se substitue souvent en fonction des considérations personnelles, amenant en effet son lot de confusion.

- *Nakba* : Catastrophe
o La Nakba fait référence à l'exode massif des palestiniens vers les pays arabes, à l'issue de la guerre civile de 1947 et de la première guerre israélo-arabe de

1948-1949. Le 15 Mai – en référence à la proclamation d'indépendance d'Israël du 14 Mai– est considéré comme étant le jour de célébration de la Nakba chez les palestiniens.

- *Fedayin :* Prêt à se sacrifier
o Les *fedayins* sont les groupes armés ou plus généralement les réfugiés palestiniens qui prennent les armes pour lutter contre Israël. Toutes les organisations palestiniennes ayant des branches armées ont donc des fédayins en leur sein.

- *Intifada* : Soulèvement
o Le mot est utilisé pour la première fois en 1920, lors de manifestations antibritanniques en Irak. Les intifadas palestiniennes font référence aux soulèvements des réfugiés palestiniens des territoires de Gaza et de Cisjordanie contre l'autorité israélienne. Il y a eu au total trois Intifada majeur qui ont chacune adopté une forme différente.
1e : 1987 – 1990 ; 2e : 2000 – 2005 ; 3e (selon les considérations) : 2015 – 2017

30. Comment l'ONU a-t-elle pris en charge les réfugiés palestiniens ?

- *L'UNRWA*

o Après la Nakba, l'ONU décide de crée en Décembre 1949 l'UNRWA -- *United Nations relief and works agency for palestine refugees in the near east,* un organisme visant à venir en aide aux réfugiés palestiniens, défini comme toute personne ayant résidé en Palestine Mandataire deux ans avant la guerre de 1948-1949. Le statut s'étend bien sûr aux descendants des palestiniens, augmentant ainsi le nombre de réfugiés au cours du temps.

- *Le but de l'UNRWA et ses financements*

o L'organisme vise dans un premier temps à créer des refuges et des habitations, puis va s'étendre vers l'éducation de ces réfugiés. Une polémique éclate d'ailleurs en 2016 lorsque l'UNRWA proteste contre des manuels scolaires palestiniens qui épousait une vison nationale palestinienne. C'est elle qui administre principalement les camps de réfugiés à Gaza, dont elle est d'ailleurs le premier employeur, et finance en grande partie les infrastructures locales. Même si l'ONU, privé du droit d'intervenir, n'assure pas la sécurité sur le camp.

o Elle est financée par beaucoup d'ONG ou d'acteurs indépendants, mais ces premiers pourvoyeur de fonds restent l'Union Européenne et les USA.
Pour les premiers, tout part d'un accord commun passé en 1971 qui se base sur le développement des

palestiniens en tant que peuple. En 2017, une déclaration commune est passée pour certifier la pérennité de l'aide européenne à l'organisation. L'UE représente dès lors depuis plus de 10 ans l'un des principaux financement de l'UNRWA, avec plus de 1,2 milliards d'euros distribués sur la période 2016-2018.

Les USA quant à eux sont longtemps restés les premiers pourvoyeurs de fonds de l'UNRWA jusqu'à l'arrivée de Donald Trump. En 2017, l'argent donné par les États-Unis atteignait 364 millions de dollars (2.5 fois celui de l'UE). Tandis qu'il est tombé à 60 millions en 2018. Cette baisse n'a pas été sans conséquence et a été le point de départ d'une crise financière qui a touché l'organisation depuis 2018. Même si les récentes informations font état d'un refinancement de 171 millions de dollars par le gouvernement de Joe Biden. Son premier pourvoyeur de fond est en 2020 l'Allemagne. [12]

---

[12] UNRWA. 2021. *Donor Charts | UNRWA*. Disponible à : https://www.unrwa.org/how-you-can-help/government-partners/funding-trends/donor-charts. *Les chiffres viennent de la rubrique : "Top 20 donors, Overall Ranking".*

31. Quelle est la situation des palestiniens sous autorité égyptienne ?

- *1948-1956*

o À l'issue de la guerre israélo-arabe, un gouverneur militaire égyptien contrôle la bande de Gaza et les réfugiés qui s'y trouvent, à savoir 80 000 avant la guerre et 240 000 à la suite de cette dernière. Bien qu'étant aidés par l'UNRWA, en 1949 sont signés les accords d'armistice de Rhodes entre l'Égypte et Israël, dans lesquels on retrouve une ligne de démarcation qui empêche tout réfugié palestinien de revenir en Israël.

Des tentatives sont toutefois faites mais sont stoppées par l'armée israélienne. Un climat de tensions et de conflits se crée donc entre les réfugiés et Tsahal, jusqu'à atteindre un pic en février 1955 lorsqu'un israélien est assassiné par un groupe armé gazaouie. En représailles, Tsahal mène des opérations directement dans Gaza, et l'Égypte multiplie les arrestations de fédayins palestiniens.

- *1956- Aujourd'hui*

o Après une période de tensions entre l'armée Égyptienne et les palestiniens de Gaza de 48 à 56, l'arrivée de Nasser en Juin 56 est bien accueillie par les réfugiés palestiniens. Celui-ci inscrit dans son objectif majeur la lutte armée contre Israël, et marque ainsi un changement par rapport à ces prédécesseurs en soutenant l'idée d'un panarabisme, renforcée d'autant plus cette année-là par la crise du Canal de Suez.

o   Toutefois, le soutien de l'Égypte reste diplomatique. Sous couvert du « il ne faut pas abandonner l'espoir d'un droit au retour », les égyptiens se sont opposés à toute création de camps de réfugiés palestiniens au sein du pays. C'est ainsi que de 1948 à 1962, le gouvernement Égyptien limite largement l'entrée de réfugiés palestiniens en Égypte, tandis que le marché du travail est fermé pour ceux qui sont quand même parvenus à franchir le Nil. La loi change cependant de 1962 à 1980 ; le marché du travail est ouvert et le droit d'acheter des terres agricoles est accordé pour le palestiniens arrivé dans cette période. Depuis 1980 - 1985 toutefois, les réfugiés palestiniens adultes qui arrivent pour la première fois en Égypte interdits de travailler dans le secteur public et dans la médecine, tandis que les écoles publiques sont fermées aux enfants palestiniens.

32. <u>Pourquoi la nationalisation du Canal de Suez
fut-elle suivie d'une crise ?</u>

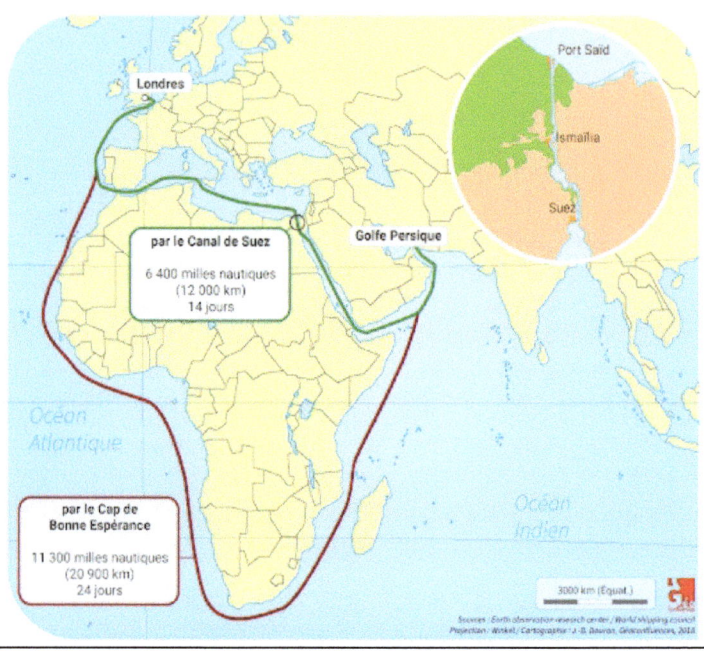

- *Aux origines*
  - Le Canal de Suez est une voie d'eau artificielle percé par les Français entre 1859 et 1869. Après la colonisation de l'Égypte en 1882, la compagnie responsable du Canal passe implicitement dans les mains des britanniques, et ce jusqu'en 1956. Permettant de relier l'Europe à l'Asie

sans contourner l'Afrique, le contrôle de cette voie d'eau fut un enjeu majeur.

- *Remise en contexte*
o Dans la volonté d'améliorer les conditions économiques du pays et de combattre l'influence Britannique qui n'a pas cessée, l'Égypte entame plusieurs réformes agraires au sein du territoire. Ces réformes supposent une amélioration du rendement agricole, et donc l'amélioration des conditions d'irrigations qui passent par la construction de structures hydrauliques. En 1956, Nasser demande l'aide des États-Unis pour construire le haut barrage d'Assouan sur le Nil, mais ces derniers refusent au regard des relations entre les égyptiens et les soviétiques. En manque de fond et dans la volonté de marquer la fin de l'emprise étrangère, Nasser décide donc de nationaliser le 26 Juillet 1956 la compagnie responsable du Canal, dont l'actionnaire principal reste le gouvernement britannique.

- *Déroulement, Partie I*
o Trois pays, trois causes différentes, un intérêt commun. Alors que les britanniques sont en proie à la défiance de Nasser, les français de leur côté cherchent à contrer l'aide égyptienne faite au FLN Algérien, tandis que les israéliens veulent stopper l'action des fédayins palestiniens présents à Gaza, et donné des débouchés à leur transport maritime. Préalablement, les trois États concluent une alliance secrète lors du Protocole de Sèvres tenue entre les 21 et 24 Octobre 1956, qui certifie leur entente et permet de planifier les attaques.

o Comme prévu lors de l'accord, le 29 Octobre Israël déclenche l'opération 'Kadesh' sur le Sinaï, à l'Est du Canal. Elle est vite suivi le surlendemain par L'action militaire franco-britannique qui dès le 31 bombarde les bases aériennes égyptiennes. Israël entre temps a pris Gaza, et contrôle à partir du 5 Novembre les positions égyptiennes du Golfe d'Aqaba.

- *Déroulement, Partie II*

o Mais les empires Soviétiques et Américains ne tardent pas à faire pression sur Israël, la France et la Grande-Bretagne. Face à la puissance représentée par ces deux géants, ces derniers cessent donc toute opération le 7 Novembre. La guerre aura durer 10 jours, et aura causé la morts de plus de 1650 individu côté égyptien, pour moins de 30 morts Français ou Britannique, et 230 morts israéliens. En Mars 1957, l'État Hébreu finit par rendre le Sinaï et la bande de Gaza occupés depuis la crise, tandis que l'ONU s'arroge le contrôle de Gaza pour un temps. Par la suite, les gazaouies manifestent leur mécontentement en réclamant un retour des égyptiens, qui s'engagent à démilitariser la bande de Gaza et à interdire l'action des *fedayins* palestiniens.

o Symbole de la fin d'une lutte contre les empires coloniaux, le Canal de Suez sera finalement nationaliser par les égyptiens. L'URSS qui a menacé Paris et Londres voit son prestige au plus dans le monde arabe qu'elle prétend défendre contre l'impérialisme, et Nasser malgré sa défaite militaire apparaît comme le grand vainqueur de cette crise.

o Cette route commerciale représente aujourd'hui pas moins de 10% du commerce maritime mondial, et a rapporté selon le journal Le Monde 4.74 milliards d'euros au gouvernement égyptien en 2020. Elle a donc été, et est encore, une source de revenue conséquente qui ne cessera d'attirer les convoitises.

33. Les Arabes israéliens sont-ils des citoyens de seconde zone ?

- *À l'origine*

o A l'issue de la 1e guerre israélo-arabe en 1948-1949, 700 000 arabes *fuient ou sont expulsés* du nouvel état israélien, c'est la Nakba.

1931 : 73% d'Arabes musulmans, 10% d'Arabes chrétiens, 17% de juifs

1945 : 59% d'Arabes musulmans, 8% d'Arabes chrétiens et 33 % de juifs.

1949 : 20% des Arabes qui vivaient sur le territoire israélien en 1947 y vivent encore.

Ils représentent en 2017 20,8% de la population israélienne

- *Le statut des arabes israéliens au niveau du droit*

o La moyenne d'âge actuel des arabes israéliens est plus basse (vingt ans) que celle des juifs (trente-et-un ans) induisant donc une expansion démographique importante. Les estimations disent d'ailleurs qu'ils pourraient devenir majoritaires d'ici 15 ans.

Au niveau de l'éducation, l'accès à l'université leur est permis. En 2017, 25% des étudiants israéliens de première année à l'université Technion de Haïfa sont des arabes israéliens

o Au regard de la loi, les citoyens non-juifs sont considérés de la même manière que les citoyens juifs, avec leurs droits individuels et le droit de vote à la Knesset, et ce dès la proclamation de l'État d'Israël en

48. Mais leur condition et l'évolution du conflit ne peuvent être dissocié.

o De 1948 à 1966, les arabes considéré comme israélien sont mis sous administration militaire pour entrer dans une logique d'intégration et donc de coopération, empêchant ainsi les révoltes et l'émergence de partis politiques pouvant les représenter. L'intégration est progressive les années suivantes malgré leur soutien aux palestiniens de Gaza/de Cisjordanie et un large communautarisme contraint par l'administration militaire. Mais l'histoire évolue. La guerre de Six Jours change les réalités territoriales, idéologiques, et démographiques ; les accords d'Oslo amènent un espoir de paix, concret, qui s'avère cependant être un échec 5 ans plus tard avec la seconde Intifada, et l'intégration des arabes israéliens malgré une équité au niveau du droit s'avère alors, depuis le début des années 2000, largement compromise.

- *L'armée et le marché du travail*

o L'armée est pour eux basé sur le principe du volontariat, mais au regard de l'histoire et donc par objection de conscience, la plupart ne désirent pas la faire ; le nombre d'arabes israélien engagé peine à dépasser le millier. En 2015 par exemple, un prêtre grecque orthodoxe de Nazareth encourage les membres de sa communauté à s'engager dans l'armée mais finit par être condamné par les députés arabes de la Knesset. L'armée étant un facteur d'intégration au marché du travail, elle reste ainsi en partie la cause d'une sous-représentation dans la société.

o   Selon le gouvernement israélien, 50% d'entre eux vivent en dessous du seuil de pauvreté contre 15% pour les juifs. Les arabes israéliens au vu du chômage systémique qui les touches s'affirment donc de plus en plus comme une minorité nationale, étant à la recherche d'une reconnaissance juridique de ce statut. Ce dernier leur permettrait de bénéficier de fonds publics propres qui faciliteraient l'accès aux activités professionnelles par exemple, ou le développement d'infrastructures largement dégradées dans certains quartiers. Mais ce statut n'a pas été mis sur la table des différents gouvernements israéliens au cours des dernières années.

34. Israël, un État communautaire ?

- *Le droit personnel*

o En Israël comme au Liban, ou dans les territoires administrés par l'Autorité Palestinienne, l'état Civil ou le statut de citoyen est associé à une identité religieuse : c'est le statut personnel. Chaque citoyen israélien a les mêmes droits juridiques (droits de vote, droit en cas de procès, etc...) mais chacun est catégorisé en tant que juifs, Bédouins, Druzes, Arabes, etc...et ce depuis 1949. Ce statut personnel définit donc en partie vos droits civils puisque le mariage entre un juif et un non-juif est par exemple interdit.

- *Loi religieuse globale*

o Israël se voulant être un état juif, une loi religieuse globale s'impose dans le pays, même si les différentes Alyah ont parfois modifiés ces lois. La commercialisation du porc était donc à ses débuts interdit. Mais l'Alyah des juifs d'URSS dans les années 90 - ayant permis la venue de plusieurs centaines de milliers de non-juifs - a modifié l'application de la loi. Les arrivants avaient en effet parfois eu du mal face à ces règles qui n'étaient pas toujours été appliqués, le porc étant à la base de leur alimentation, et qui par conséquent se sont en partie adaptés au cours du temps.

o Dans un autre contexte, la loi juive s'appliquant, le Chabbat empêche l'ouverture de magasins le samedi, et ce même dans les localités arabes - même si des exceptions subsistent. Le mariage quant à lui ne peut être que religieux et non-civil, au détriment des laïcs et des homosexuels. L'homogénéisation des communautés et la non-mixité entre celles-ci est donc d'autant plus renforcées entre juifs et non juifs ; tout en étant cependant aussi marquée au sein de la communauté juive elle-même.

- *Russes/Ultra-orthodoxes*

o   La distinction entre les juifs issue de différentes communautés peut être équivalente à celle faite entre un juif et un non-juif. L'exemple de l'écart entre les russes et les ultra-orthodoxes, bien que partageant la même religion, est assez probant. Que ce soit sur le plan démographique avec 6.5 enfants en moyenne chez les ultra-orthodoxes, contre 1.5 chez les russes, culturelle, ou cultuelle : les ultra-orthoxes sont par définitions très religieux alors que les russes ayant vécu pour beaucoup de nombreuses persécutions sont beaucoup plus éloignés de la religion, sont flagrantes.

o   Pour ce qui est de l'aspect collectif, les russes se différencient à travers leur implication dans la vie politique israélienne avec leur propre parti Israël Beytenou, tout en permettant à l'état israélien de se développer au niveau technologique. Tandis que les ultra-orthodoxes vivent largement à l'écart de la population, ne contribuent pas réellement à la vie économique du pays pour se « *consacrer à l'étude de la Torah* », défient le gouvernement, et sont largement populiste, voir antisioniste. Ils refusent notamment dans le contexte de la crise du coronavirus de porter le masque, et contestent pour la plupart le confinement imposé par le gouvernement israélien, respecté pourtant par le reste de la population.

35. Quelle place pour les Bédouins israéliens ?

- *Qui sont les bédouins ?*

o À l'origine, les bédouins sont des nomades arabes musulmans vivant principalement dans les déserts du Moyen-Orient. Les bédouins israéliens habitent donc aujourd'hui au Sud d'Israël, dans le désert du Néguev. Ils sont une minorité et représentent une communauté bien à part dans la société, qui se différencie de celle des Arabes Israéliens. 60 % d'entre eux ont moins de 18 ans et ils représentent en tout 5% de la population israélienne.

- *Après 1949*

o À l'issue de la première guerre israélo-arabe, beaucoup d'entre eux décident de fuir vers la Bande de Gaza. Ceux qui restent sont placés sous administration militaire à partir de 1951. Les bédouins sont alors sédentarisés dans des territoires limités, aux conditions précaires, et logent dans des habitats délabrés. La situation n'évolue pas dans leur sens lorsqu'en 1953 la Loi sur la Terre leur fait perdre leur droit au retour sur les terres occupées avant 1948. Israël installe alors sur ces nouveaux terrains vagues de nouvelles habitations et des camps militaires.

- *1966-2007*

o Le régime martiale sous lequel ils vivent se termine en 1966. Globalement, les relations entre la communauté bédouine et l'état israélien ne s'améliorent pas. D'une part à cause de leur sédentarisation progressive dans des villages qui leur sont dédiés. D'autre part à cause de conditions de vie qui ne changent pas malgré les années.

La communauté est marginalisée, ce qui restreint l'accès à l'éducation et à l'emploi, et la plupart des membres sont jeunes. En conséquence, ils commencent en raison de leur précarité à se politiser et à basculer dans l'islamisme politique. Modifiant ainsi les politiques israéliennes à leurs égards, qui commencent progressivement à reconnaître, du moins sur le plan politique, leur statut de minorité nationale.

- Plan *Prawer-Begin*

o Certains villages étant trop délabrés -aucun accès à l'eau courante, ni à l'électricité-, le gouvernement crée une administration dédiée aux Bédouins.

Le plan *Prawer-Begin* – adopté en 2011 – est ainsi voté par la Knesset en 2013 et se dote d'un budget dédié exclusivement aux bédouins. Mais le plan, malgré l'aide économique prévu est sujet à une polémique. Il fait état de la relocalisation de 40.000 à 70.000 bédouins dans d'autre partie du Néguev, permettant ainsi la construction de nouvelles habitations dans ces territoires. Le 25 Juin, l'ONU déclare qu'Israël devrait reconsidérer le plan, donc le condamne, tandis que les partis israéliens de gauche, ou de droite, finissent eux aussi par les condamner. [13]

---

[13] House of Commons Library. 2021. *The Prawer-Begin Plan*. [online] Available at: <https://commonslibrary.parliament.uk/research-briefings/sn06773/>

- *Aujourd'hui*

o Le plan n'a donc pas été appliqué et la situation actuelle reste figé. Les bédouins restent en quête, tout comme les arabes israéliens, d'une reconnaissance concrète du statut de minorité nationale qui leur permettrait une facilité d'accès à l'éducation et à l'emploi, même si des aides leurs sont attribués.

Au vu de leur poids politique faible de 130 000 âmes, les espoirs de cette reconnaissance ne peuvent cependant pas être atteint sans une action gouvernementale, et leurs conditions de vie restent dégradés.

36. Quelle place pour l'exode des juifs orientaux dans l'histoire israélienne ?

- *Des Juifs « mal Vu »*

o À leur arrivée du Yémen et d'Irak notamment, les mizrahims sont considérés par la majorité des juifs d'Europe de l'Est « *comme des juifs attardés, loin de la modernité, pour partie étranger à l'histoire du sionisme.* »[14], leurs pratiques et leur culture étant très éloignées de celles des juifs ashkénazes, fondateur de l'État d'Israël. La politique du pays jusqu'en 1970-80 était donc accès sur l'appropriation des mœurs et coutumes des premiers arrivants [Q.28].

- *WOJAC*

o Comme nous l'avons vu plus haut, le droit au retour des juifs orientaux dans leur pays d'origine (Yémen, Irak, Iran, etc..) fait écho au droit au retour des réfugiés palestiniens après la Nakba. La prise en compte de leur histoire vient donc contrebalancer le récit des palestiniens.

o L'histoire de leur exode commence à être considérer en 1975, lorsque la *World Organization of Jews from Arab Countries* est créer pour faire prendre corps à ce combat idéologique. Le but de l'organisation étant de régler avec équité la question des réfugiés en prenant en compte la situation des deux camps. Le dossier est par la suite évoqué en 1991 lors de la conférence de Madrid, au sommet de Camp David II en 2000, et aboutit à une

---

[14] Le mot est de Jean Claude Lescure

investigation en 2002 visant à évaluer le montant des biens spoliés.

o   C'est ainsi que le 30 Novembre, et ce depuis 2014, est devenu le jour de commémoration nationale en Israël pour symboliser la fuite/l'expulsion des juifs des pays arabes. La date est symbolique et s'inscrit dans une constante. Elle fait référence à la résolution 181 prise par l'ONU le même jour, tout en faisant écho à la commémoration de la Nakba, l'exode palestinien. Au-delà des luttes de terrains, le conflit reste idéologique.

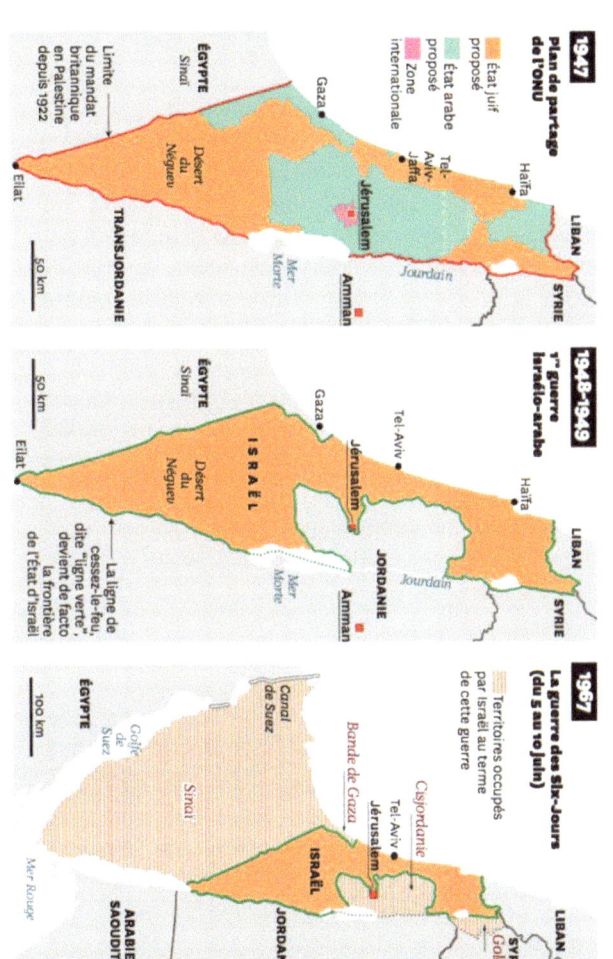

1947
Plan de partage de l'ONU

État juif proposé
État arabe proposé
Zone internationale

ÉGYPTE
Sinaï
Gaza
Tel-Aviv·Jaffa
Jérusalem
Haïfa
LIBAN
SYRIE
Désert du Néguev
Mer Morte
Jourdain
Eilat
TRANSJORDANIE
Amman
50 km

Limite du mandat britannique en Palestine depuis 1922

1948-1949
1ʳᵉ guerre israélo-arabe

ÉGYPTE
Sinaï
Gaza
Tel-Aviv
Jérusalem
Haïfa
LIBAN
SYRIE
ISRAËL
Désert du Néguev
Mer Morte
Jourdain
Eilat
JORDANIE
Amman
50 km

La ligne de cessez-le-feu, dite "ligne verte", devient de facto la frontière de l'État d'Israël

1967
La guerre des Six-Jours
(du 5 au 10 juin)

Territoires occupés par Israël au terme de cette guerre

ÉGYPTE
Canal de Suez
Golfe de Suez
Sinaï
Mer Rouge
Bande de Gaza
Tel-Aviv
Jérusalem
Cisjordanie
ISRAËL
JORDANIE
LIBAN
SYRIE
Golan
ARABIE SAOUDITE
100 km

37. Qu'est-ce que la **guerre des Six Jours** ?

- *Remise en contexte*
○ Le 23 Mai 1967, Nasser ferme aux navires israéliens l'accès à la Mer Rouge et exige le retrait des forces de l'ONU présentes dans le Sinaï. À la veille du commencement d'une guerre qui marquera durablement les esprits, Ahmed Choukeiry (président de l'OLP) déclare à la presse qu'il faut détruire Israël « comme état », qui plus est étant un état qu'il ne reconnaît pas : « *Cette possibilité n'existe pas… jamais* » déclarât-il.

Face à la menace grandissante et avérée des pays arabes, Israël décide ainsi d'attaquer par surprise ses voisins. Du 5 au 10 Juin 1967 (6 Jours) l'Égypte, la Jordanie et la Syrie sont donc vaincues.

La guerre est vécue comme une honte par Nasser et le reste des états arabes ; l'unité israélienne se fait ressentir de par le monde.

- *Une évolution territoriale*
○ À la suite de la guerre, Israël occupe Gaza (360 km^2), le plateau du Golan (1160 km^2), la Cisjordanie avec Jérusalem-Est compris (5600 km^2), et le Sinaï (60 000 km^2). Pour la communauté internationale, le retour à la Ligne Verte dessinée lors des accords d'armistice de 1949 s'impose, et l'ONU vote alors cette fameuse résolution 242 qui exige un retrait des troupes israéliennes présent dans les « *territoires occupés* ». Sur le moment, celle-ci n'est toutefois pas acceptée par les deux partis pour, notamment, des raisons de sémantiques .

- *Les conséquences*

o En Israël, la guerre de Six Jours a permis de renforcer l'unité au sein de la société, qui s'est par la suite transformée en un réel idéalisme des forces armées israéliennes. Elle a aussi créé au sein de nombreux juifs de la diaspora, comme le fameux historien français Raymond Aron, une proximité qu'il n'avait pas avec Israël. Pour ce qui est du moral des pays Arabes, ce dernier est au plus bas à la suite de la guerre des Six Jours. De fait, les tensions radicalisent les positions, amenant donc une rancœur qui se dévoilera 6 ans plus tard lors de la guerre de Kippour en 1973 [Q.58].

o La lutte armée palestinienne quant à elle prend de l'importance. Elle se met en place à travers l'organisation de Yasser Arafat, le Fatah, qui en prônant la lutte armée voit l'arrivée de plusieurs milliers de membres. D'autant que l'évolution territoriale crée aussi de nouveaux réfugiés palestiniens -250 000-, qui se répartissent entre la Jordanie et le Liban. Que ce soit dans un pays ou dans l'autre, cela aura, comme nous le verrons, d'importantes répercussions.

o Après avoir doublé sa superficie initiale, l'état doit mettre en place des politiques visant à tenir les territoires nouvellement occupés, qui abritent dès lors près de 1.3 millions de palestiniens. La politique qui doit être mise en place crée cependant beaucoup de remous au sein de la société israélienne, et marque le début d'un antagonisme idéologique certain dans la société.
D'un côté, nous avons ceux qui pensent devoir restituer les territoires nouvellement occupés, pour permettre une paix. De l'autre, ceux qui estiment qu'il faut agrandir

l'État pour pouvoir mieux se protéger. Ces deux visions de pensées fracturent ainsi la société israélienne en deux courants politiques bien distincts, qui trouvent encore leurs sources aujourd'hui [question suivante].

38. Comment la guerre des Six Jours a-t-elle fracturé politiquement la société israélienne ?

- *Premier Courant : « Les territoires doivent servir à agrandir notre État pour sa sécurité et accueillir tous les futurs migrants juifs »*

o Ce premier courant se nomme le courant du *Grand Israël*, « *Goush Emounim* » en hébreu. Bien qu'il soit utilisé par tous les acteurs politiques et internationaux pour désigner la politique expansionniste des divers gouvernements israéliens, le terme Grand Israël fait aussi souvent l'objet d'une mauvaise conception. À l'origine, le terme est en effet évoqué dans la Torah, et renvoie à un territoire qui s'inscrit de l'Égypte à l'Irak, ce qui ne correspond pas aux réalités actuelles. Ce n'est qu'après la création d'un parti portant le nom de Goush Emounim en 74 et prônant cette politique que le terme a été adopté par tous.

o Au sortir de la guerre, la logique de l'état hébreure pour se défendre contre ses voisins est la suivante : placer sous sa tutelle les nouveaux territoires acquis. Un mouvement d'expansions commence donc en Cisjordanie, à Jérusalem-Est, sur le plateau du Golan, le Sinaï, et la bande de Gaza. Mais si le courant du « Grand Israël » fut à ces débuts incarnés par des arguments sécuritaires seulement, ceux-ci se sont par la suite progressivement transformés par l'ajout d'argument idéologique après l'arrivée du Likoud de Menahem Begin en 77. Le courant est alors resté majoritaire depuis, que les gouvernements soient de droite ou de gauche, et est aujourd'hui incarné par l'ancien premier ministre israélien Benyamin Netanyahou.

- *Second Courant* : « *Les territoires doivent être rendus pour arriver à un accord de paix.* »

o Pour certaines personnalités politique influente, l'opinion porté sur la politique a adopté n'est pas la même. D'après le vice-ministre de l'industrie et le directeur adjoint du Mossad (service secret israélien) David Kimche, Israël doit soutenir la gestation d'un état palestinien pour aboutir à la paix qui n'est possible que par le retrait des troupes israéliennes. Mais le parti travailliste qui incarne le gouvernement en place rejette pour le moment ces propositions. Il constitue ainsi le premier gouvernement expansionniste d'Israël, même si jusqu'en 1977 les colonies/implantations en Cisjordanie et à Gaza ne sont composés que de 4000 âmes, pour plusieurs centaines de milliers aujourd'hui.

- *L'assassinat de Yitzhak Rabin*
o Chaque parti comportant ses extrêmes, ceux-ci les influencent souvent en étant à l'origine d'événements qui resteront dans les mémoires. Après avoir signé les accords d'Oslo en 1993, le socialiste Yitzhak Rabin, enclin aux retraits des troupes israéliennes de Cisjordanie et de Gaza (s'inscrivant donc dans l'idéologie du second courant), est assassiné le 4 Novembre 1995 par Yigal Amir, un juif fanatique et extrémiste. Le conflit déchaîne les passions, et cet assassinat reste évidemment représentatif de celles-ci.

- *Aujourd'hui*
  - Si les deux courants ont fait l'objet de débat après la guerre des Six Jours, les opinions israéliennes actuelles peuvent aujourd'hui se représenter différemment ; séparé entre ceux qui sont enclin à la solution à deux États, encore faudrait-il voir dans quelles conditions, de ceux qui ne le sont pas.

Résolution 242
Conseil de sécurité des Nations unies 22 novembre 1967

1. Affirme que l'accomplissement des principes de la Charte exige l'instauration d'une paix juste et durable au Moyen-Orient qui devrait comprendre l'application des deux principes suivants :

    (i) **Retrait des forces armées israéliennes <u>des</u> territoires occupés lors du récent conflit ;**
    « *Withdrawal of Israel armed forces from territories occupied in the recent conflict* »

    (ii) Cessation de toutes assertions de belligérance ou de tous états de belligérance et respect et reconnaissance de la souveraineté, de l'intégrité territoriale et de l'indépendance politique de chaque État de la région et leur droit de vivre en paix à l'intérieur de frontières sûres et reconnues à l'abri de menaces ou d'actes de force.

2. Affirme en outre la nécessité :

    (a) De garantir la liberté de navigation sur les voies d'eaux internationales de la région ;

    (b) De réaliser un juste règlement du **problème des réfugiés**

    (c) De garantir l'inviolabilité territoriale et l'indépendance politique de chaque État de la région, par des mesures comprenant la création de zones démilitarisées.

39. En quoi la résolution 242 est-elle révélatrice des mécanismes politiques ?

o   Adoptée par l'ONU le 22 Novembre 1967 au sortir de la guerre des Six Jours, la Résolution 242 vise à poser des règles de paix entre Israël et les états Arabes, qui supposent notamment le retrait des territoires occupés à l'issue de la guerre par les forces israéliennes, et une considération particulière des palestiniens.

• *Que stipule-t-elle ?*

o   Au dépit de l'évocation d'une autodétermination, la résolution évoque en effet « *Un juste règlement du problème des réfugiés* ». Le texte ne mentionne donc pas les palestiniens comme étant un peuple à part entière ayant des revendications nationalistes ; par conséquent nie leur légitimité territoriale, et déplaît fortement à l'OLP qui ne la reconnaît pas lors de son adoption par les Nations Unies.   Pour les israéliens, la résolution demande le retrait des forces militaires au sein des territoires occupés depuis Juin 1967.

o   Mais malgré ces évocations à première vue assez claire, la résolution 242 révèle les dessous des mécanismes politiques et diplomatiques. En étant rédigés à la fois en français et en anglais, les deux langues officielles de l'ONU en 67, une question de sémantique se pose car deux interprétations différentes, et bien distinctes, sont possibles.
Le « *Retrait des territoires occupés* » (version française), ne revient pas à « d*e territoires occupés* » (version anglaise) et évoque la confusion, la deuxième

version permettant de conserver *certains* territoires non précisés par la résolution.

- **Un symbole des luttes idéologiques**
  o Est-ce qu'elle sera finalement accepté ? Non, ou en tout cas pas sur le moment. Les palestiniens ne sont pas satisfaits par le terme de « réfugiés » qui les qualifient. Tandis que les israéliens peuvent jouer sur l'incompréhension à travers la nuance sémantique, bien qu'elle soit bien sûr clarifié par la suite. Néanmoins, il faut retenir que cette résolution, au-delà du côté esthétique qui n'est que symbolique finalement, reste omniprésente dans le conflit.

  o La reconnaissance de cette résolution induit, pour les Palestiniens, deux aspects négatifs : le fait de ne pas être considéré comme un peuple par le statut de 'réfugié' qui leur est attribué, et la reconnaissance de l'existence de l'État d'Israël. Mais elle fait état d'un retrait des territoires occupés depuis 67 par les israéliens, ce qui par suite signifie l'abandon des colonies/implantations.
  Pour son coté idéologique et les conséquences territoriales, cette résolution reste centrale. Sa reconnaissance est en effet resté une condition *sine qua non* à tout processus de paix du point de vue israélien, de par la reconnaissance d'une existence de l'État d'Israël par les palestiniens. Tandis que le point désignant le retrait israélien est aussi restée une condition nécessaire du point de vue des palestiniens.

  o Elle a ainsi été à la base de tous les accords établis dans les années 70-90 en commençant par ceux de Camp

David en 1978, et en passant par ceux d'Oslo en 93, permis en premier lieu par la reconnaissance de cette dernière par Arafat en 1988, lors de la conférence d'Alger.

Résumé de la période: 1967 – 1991

À l'issue de la guerre des Six Jours, le Fatah de Yasser Arafat devient populaire au sein de l'OLP et passe de 500 membres en 1966, à 10000 membres en 1970. Arafat est élu à la tête de l'organisation en 1969, et en restera son président jusqu'à son décès en 2004. La même année, les accords du Caire lui accordent une souveraineté absolue sur les camps de réfugiés palestiniens présents au Liban, ce qui par suite lui permet d'établir une base armée stratégique au sud du pays. Au même moment, son influence en Jordanie commence à croître considérablement, et ce pour des raisons démographiques notamment : en raison des départs provoqués par la guerre des Six-Jours, 50% des citoyens jordaniens sont initialement palestiniens en 1970.

Face à l'importance grandissante du conflit dans la région, la lutte armée se structure ainsi de plus en plus en Jordanie, même si les manœuvres des palestiniens ne font pas l'unanimité dans le pays, et finissent par provoquer une césure entre les autorités jordanienne et les fédayins palestiniens, qui s'amorce fin 69.

Durant l'été 1970, Arafat tente à plusieurs reprises de contrôler le pays en perpétrant des attentats contre le Roi Hussein, qui auront un grand écho au sein de la population jordanienne. Le FPLP de Georges Habache, une autre organisation de l'OLP, détourne quant à lui plusieurs avions sur les pistes de Dawson's Field à Zarka, devant la presse internationale. Loin d'abandonner sa souveraineté, le royaume hachémite décide de répliquer en Septembre 1970 par l'opération **Septembre noir.** Prenant place entre le 17 et 27 Septembre 1970, elle fait plus de 3500 morts côté palestinien et des dizaines de milliers de blessés. Les membres de l'OLP quittent par la suite la Jordanie pour rejoindre les membres présents au Sud Liban, ou là aussi, la situation ne vas pas tarder à exploser.

Parallèlement, grâce à la stratégie adoptée par l'OLP qui passe unilatéralement par la lutte armée, et qui s'inscrit dans un terrorisme international tourné contre Israël, la cause palestinienne prend de l'importance. Certains de ces attentats comme celui des JO de Munich en 1972 restent dans les mémoires en ayant pour conséquence à la fois de détériorer l'image de la cause, tout en lui permettant de faire parler d'elle. Puisque deux ans plus tard, le chef du Fatah prononce à l'ONU un discours prônant la paix pour rattraper l'image entachée, et emploie des mots convaincants. L'OLP parvient à être officiellement reconnue comme étant la représentante légitime du peuple palestinien par l'ONU et les états arabes, en 1974, au détriment des aspirations jordaniennes.

Mais les animlsités entre Israël et ses voisins n'ont pas disparu pour autant. Humilié par la guerre de Six-Jours, les états arabes portent en eux un désire de revanche qu'ils comptent bien assouvir. Le mois d'Octobre 73 marque ainsi le début de la 3e et dernière guerre israélo-arabe à ce jour. Avec l'aide des Soviétiques, les États Arabes décident, le 6 Octobre 73, d'attaquer de concert et par surprise Israël. Loin d'être choisi au hasard, le 6 Octobre désigne Yom Kippour, le jour le plus saint du calendrier juifs, et marque le début d'une guerre qui portera son nom, la **Guerre de Kippour.**

Malgré de lourdes pertes les premiers jours et une unité panarabe qui contrastaient fortement avec celle de 48, Israël bénéficie de l'aide des États-Unis, arrive à reprendre le dessus sur ses voisins, et gagne la guerre. Outre la victoire israélienne, cette guerre symbolise toutefois plusieurs choses. Dans un premier temps, elle marque la fin des guerres ouvertes entre Israël et ses voisins. Elle est ainsi suivi pour la première fois par la signature d'accord diplomatique entre l'État Hébreu et les états de la région. Dans un second, elle provoque le début d'une crise morale profonde au sein de la société israélienne, qui n'avait pas déploré autant de morts depuis 25 ans, ce qui mènera à la démission du premier ministre israélien Golda Meir en 74.

Enfin, elle marque aussi un réel changement au sein de l'OLP qui doit dès lors s'aligner sur la ligne plus politique des états arabes. L'organisation commence à adopter une certaine stratégie diplomatique, d'où la reconnaissance par l'ONU en 74, et dit pouvoir arriver à une solution avec Israël, ce qui n'est évidemment pas accepté par tous au sein de l'organisation. Une grande partie des membres n'est pas enclin à discuter avec les israéliens, créant une vraie scission et le départ des branches les plus radicales comme le FPLP.

Mais malgré cette nouvelle ligne politique, des heurts entre les israéliens et les palestiniens de l'OLP se poursuivent après 1973 sans que les États Arabes n'y prennent vraiment part. À l'exception du Liban d'une certaine manière, qui constitue la nouvelle base armée de l'OLP.

Quatre ans après la guerre, et dans un but sûrement préétablies depuis son arrivée au pouvoir, un tournant s'opère en 1977 lorsque l'Égypte devient le premier pays arabe à reconnaître officiellement l'État d'Israël. Après une ligne idéologique incarnée par Nasser, la doctrine de Sadat change le contexte régional. En 1978, les accords israélo-égyptiens de Camp David I sont signés sous l'auspice des Américains, et ne sont pas sans conséquences. Ils symbolisent la première reconnaissance officielle de l'État d'Israël par un pays arabe, et permettent notamment à l'Égypte de récupérer le Sinaï perdu en 67 tout en établissant un pacte militaire de plus d'un milliard de dollars entre le Raïs et la maison Blanche, encore en vigueur aujourd'hui. Ils sont donc du point de vue Américain un symbole du succès diplomatique. Tandis qu'ils restent, du point de vue des palestiniens, un échec cuisant, ainsi qu'une trahison. L'accord, qui devait reposer sur l'amélioration de leur statut n'a mené à rien, et l'entente israélo-égyptienne reste mal perçue par les états arabes qui bannissent l'Égypte de la Ligue Arabe pour 10 ans.

Dans le sillon de l'opération Septembre Noir et en grande partie causé par l'exode palestinien de 1948, une guerre civile éclate au Liban opposant la population libanaise aux palestiniens qui sont au nombre de 400 000 dans le pays. La guerre fait rage, et les israéliens voient alors en elle le moyen de conclure un accord de paix avec le gouvernement Libanais. Une paix qui n'est permise toutefois que si ce dernier est aux mains des chrétiens maronites - alliés des israéliens. C'est ainsi qu'en 1982 Tsahal intervient pour combattre les fédayins palestiniens présents au Liban : c'est l'opération **Paix en Galilée**. Bien qu'elle finit par être un succès militaire à court terme -- les membres de l'OLP quittent le Liban pour la Tunisie, cette opération n'aura pas les retombées escomptées sur beaucoup de points. Tout d'abord, bien qu'elle ait mené aux départs des palestiniens de l'OLP, la guerre civile fait toujours rage et mène à plusieurs événements tragique comme l'assassinat, par une milice syrienne, du président chrétien Bacher Gemayel. Puis par la suite, au massacre de 1500 civils palestiniens par des milices chrétiennes révoltés, qui pensent venger leur président. Commis entre les 16 et 18 Septembre, ce sont les massacres de Sabra et Chatila.

De par l'implication supposé du ministre de la défense Ariel Sharon, qui finit par quitter son poste, les massacres, relatés dans les journaux internationaux, marquent ainsi le début d'une crise morale et politique au sein de la société israélienne. D'autant qu'ils permettent de faire ressurgir la cause palestinienne dans les esprits, ce qui fut donc contre-productif par rapport aux objectifs israéliens initiaux.

Dans un tout autre contexte, la période 1967 - 1991 a aussi été marquée par l'expansion israélienne dans les territoires acquis. Au cours des années 70, elles ont en effet nourris des conflits politiques intenses lors des processus de paix comme celui de Camp David, tout en ayant été la source des premiers conflits directs entre civils palestiniens et israéliens. Sous administration militaire, les conditions de vie dans les territoires de Gaza et de Cisjordanie se détériorèrent progressivement. C'est ainsi qu'après le maintien d'une stabilité relative pendant 20 ans, éclate en 1987 la **première Intifada**. Bien qu'elle ne soit pas, contrairement aux deux autres, marquée par la violence, elle durera jusqu'à la signature des premiers accords de paix d'Oslo en 1993. Elle provoque aussi l'émergence du **Hamas**, qui mêlera à la cause palestinienne une toute nouvelle dimension religieuse, et dont l'importance sera croissante pendant les trois décennies suivantes.

En plus d'une première Intifada qui a son importance, la situation géopolitique mondiale se modifie elle aussi. L'URSS disparaît après la chute du Mur de Berlin en 89, laissant derrière elle les états arabes qu'elle soutenait économiquement, tandis que la guerre Iran-Irak qui a fait plus d'un million de morts se termine en 88. Elle aura ces répercussions deux ans plus tard lors de l'invasion du Koweït par l'Irak de Sadam Hussein, qui provoquera la première guerre du Golfe ainsi qu'une scission entre les états arabes, qui condamnent l'invasion, et l'OLP de son côté la soutient.

1970 :

o Opération *Septembre Noir* : Répression du Royaume Jordanien face aux fédayins de l'OLP.

1972 :

o Attentat aux Jeux Olympiques de Munich

1973 :

o 7 - 24 Octobre: Guerre de Kippour

1978 :

o Accords de Camp David 1

1982 :

o Juin : Début de l'opération *Paix en Galilée* au Liban
o Massacres de *Sabra* et *Chatila* : 1500 morts Palestiniens.

1987 :

o Début de la Première Intifada à Gaza.
o Création du Hamas

1990 :

o Invasion du Koweït par l'Irak. Début de la Guerre du Golfe

40. Quels relations entre la Jordanie et la Cisjordanie?

- *Remise en contexte*

o Pour comprendre les relations entre l'État de Jordanie actuelle et les Palestiniens, il faut d'abord remonter dans le temps. La Cisjordanie, ce territoire de 5655 km^2, a longtemps été convoité par le royaume hachémite, qui soucieux d'accroître sa puissance, y voyait le moyen d'agrandir son territoire. À l'issue de la guerre israélo-arabe de 1948, la Cisjordanie passe ainsi sous domination hachémite en étant annexée par Abdallah 1er, futur roi de Jordanie, et restera sous la domination du royaume jusqu'en 1967.

- *La Cisjordanie, une province Jordanienne (1948 – 1963)*

o À l'arrivée d'une partie des palestiniens en Jordanie après la Nakba, le royaume accorde la citoyenneté aux nouveaux arrivants, et retire le terme *réfugié* des documents officiels, ce qui ne fut pas le cas des autres pays. Même si cette loi a en finalité nuit en partie à l'identité palestinienne, qui reste officiellement éclipsé par la nouvelle citoyenneté jordanienne qui s'ajoute.

- *September Noir, 1970*

o Vingt passent jusqu'à la guerre des Six Jours, qui provoque l'arrivée de dizaines de milliers de palestiniens au sein du pays. Dans la continuité de tensions grandissantes entre les fédayins et l'armée Jordanienne, le Fatah de Yasser Arafat et le FPLP incitent à la révolte palestinienne pour renverser le royaume. En conséquence, le Roi Hussein finit par lancer l'opération *Septembre Noir* (cf. question 60), et imagine par la suite une fédération jordanienne composée de deux régions autonomes, la Jordanie et la Palestine. Mais son rôle auprès des palestiniens ne prend pas forme, et s'effrite d'autant plus lorsque l'ONU en 1974 reconnaît l'OLP comme étant la représentante légitime du peuple palestinien.

- *Une tentative échouée et une séparation*
o Le conflit est donc définitivement gagné par le leader palestinien Yasser Arafat au milieu des années 80. Une césure entre le territoire cisjordanien et la Jordanie commence alors concrètement en 1986, et se concrétise officiellement en 1988 lorsque le Roi annonce son désengagement total de Cisjordanie. Le Roi ferme tous les bureaux de l'OLP présents dans son royaume, et expulse tous ses députés. Qu'ils soient administratifs ou politiques, les liens qui existaient autrefois entre la Cisjordanie et la Jordanie n'existent donc plus, même si des relations économiques/diplomatiques sont établies avec l'Autorité Palestinienne actuelle.

41. Le « camp de la paix » est-il toujours présent ?

o L'expression « Camp de la paix » désigne l'ensemble l'ensemble des israéliens/palestiniens favorables à la paix. Il peut se regrouper selon l'historien Jean Claude Lescure en plusieurs courants d'organisations.

- *Les différents courants*

o Le premier courant réunit des décideurs (membres de l'armée, policiers, politiques, médiateur, etc…) des deux camps. Il fait l'objet de plusieurs initiatives. En 2003 par exemple, lors de la seconde Intifada, l'Initiative de Genève réunit palestiniens et israéliens pour établir un projet détaillé. L'initiative est belle, certes, mais s'avère être peu concrète.

Le second courant regroupe quant à lui des organisations qui tentent de créer des liens directement entre palestiniens et israéliens. On y retrouve notamment le « mouvement des familles endeuillées ». Ce dernier organise en 2015 une marche commune entre palestiniens et israéliens qui réunit plus de 4000 personnes, pour tenter d'expliquer la peine d'un conflit qui n'a que trop duré, même si beaucoup d'autres organisations locales non-médiatisées s'organisent aussi pour créer des événements conciliant les deux peuples. Finalement, le dernier courant regroupe des ONG dont le but est de saisir la cour suprême internationale pour les Palestiniennes victimes de violations des droits de l'homme. Certaines d'entre elles font toutefois polémiques, et notamment une, le BDS : *Boycott Désinvestissement Sanction.*

- *Le Camp de la Paix est-il encore présent ?*

o Au regard des récentes tensions entre Israël et le Hamas et les animosités suscités sur les réseaux sociaux, certains proclament la mort cérébrale du camp de la paix, alors que d'autre, plus positifs, estiment qu'il arrive encore à survivre. Y a-t-il encore des gens qui croient à une paix possible entre les deux camps ? Si nous remontons aux années 80 ou 90, il est vrai que les espoirs de paix étaient présents des deux côtés. Les accords d'Oslo sont en effet porteur d'espoirs, regroupent des militants des deux camps, et permettent de faire avancer les choses. Mais la montée de la radicalité par l'émergence d'extrémistes israéliens comme Baruch Goldstein, et du Hamas dont les attentats font plusieurs centaines de mort à la fin des années 90, puis la seconde Intifada qui prend place de 2000 à 2005, les roquettes du Hamas envoyé de manière ininterrompue depuis 2007, couplé aux opérations israéliennes de 2008, 2012 et 2014, mais aussi aux récentes escalades entre le Hamas et Israël, il est certain que ce parti a perdu des membres.

o Il faut néanmoins garder à l'esprit l'intérêt des médias qui ne discutent que quand ils considèrent qu'il y a matière à discuter. Si certains pensent sûrement aux images que l'on est en mesure de voir sur les réseaux sociaux ou à la télé ; c'est-à-dire des militaires israéliens qui tirent à balles réelle sur des palestiniens de Gaza, ou des palestiniens qui jettent des cocktails molotov sur des militaires israéliens, donc des images de violence, d'horreur, il faut rappeler l'intérêt des médies, premiers créateurs de réalités subjective. Au regard de l'étalement du temps et des situations actuelles, je crois aujourd'hui avant tout en une fatigue qui ne peut être retranscrite par ces derniers.

Alors oui, évidemment, les images permettent de prendre conscience des « réalités ». Mais ces « réalités » sont-elles révélatrices de *toutes* les perspectives ?

42. Qu'est-ce que le mouvement « La Paix maintenant », *Shalom Akhshav* ?

- *À l'origine*

o *Shalom Akhshav* est un mouvement crée à l'initiative d'un groupe de 348 officiers israéliens qui adressent une lettre ouverte à Menahem Begin, après les accords de paix signé avec l'Égypte en 1978. Ces critiques se font par rapport au projet du Grand Israël porté par le dirigeant du Likoud, et visent à convaincre le président israélien de faire la paix avec son homologue égyptien dans le contexte des négociations de Camp David,
Ils craignent une rupture entre la politique gouvernementale et l'armée. Le jour précédant le sommet Sadate-Begin, le mouvement réunit 100 000 personnes dans les rues de Tel-Aviv.

- *Qu'a-t-il permis concrètement ?*

o Le mouvement, qui a largement grandi depuis les années 1970 est fermement opposé à l'opération Paix en Galilée de 1982 au Liban. De cela découle une manifestation réunissant 400 000 personnes qui contribuera notamment à la démission d'Ariel Sharon de son poste de Ministre de la défense. Des liens entre lui et les massacres de Sabra et Chatila ayant été établis, il finit par quitter son poste en Février 1983.
Cinq années plus tard le mouvement réémerge, appelle Israël à négocier avec l'OLP en 1988 lors de la conférence d'Alger, mais s'inscrit dans des mouvances politiques d'extrême gauche antisioniste tout en se liant avec des membres du Fatah ; il perd donc en crédibilité.

- *Que représente-t-il aujourd'hui ?*

o Il souhaite aujourd'hui la création de deux États, délimités selon la ligne verte, avec un partage de Jérusalem qui puisse permettre à la fois une souveraineté israélienne et palestinienne sur la ville sainte. Ils réussissent à organiser le 28 Mai 2017 une manifestation de plusieurs milliers de personnes à Tel-Aviv, mais sa voix a largement perdu de son effet depuis les années 80 puisque l'organisation n'arrive pas à s'imposer lors des élections législatives de 2019.

43. Qui doit faire son service militaire en Israël ?

- *Selon la loi*

o Depuis la création de l'État en 48, le service militaire est obligatoire pour les juifs israéliens et reste facultatif pour les arabes israéliens. Bien que les lois se soient transformées au cours du temps, les hommes doivent aujourd'hui faire 36 mois de service, pour 21 chez les femmes. Même si certaines, un tiers au total, en sont exemptées - religieuses, mères, femmes mariées - et peuvent accomplir un service social national sur la base du volontariat. Du côté des Arabes israéliens, la plupart ne désirent pas intégrer l'armée israélienne majoritairement pour des raisons idéologiques.

- *Les juifs orthodoxes font débat*

o Cette question anime le débat sociétal, notamment avec les juifs orthodoxes qui semblent être exemptés par leurs pratiques religieuses : « *Pourquoi servir sous le drapeau si cela nous détourne de Dieu ?* ». L'objection de conscience est plus rare au sein des juifs israéliens même si à l'issue de la première Intifada, qui n'est majoritairement pas violente contrairement à la seconde, de jeunes militaires israéliens refusent d'aller en Cisjordanie.

o Ne pas faire l'armée est un handicap social car celle-ci demeure le premier vecteur d'intégration en Israël, et peut permettre aux soldats de toucher des bourses pour accéder aux études supérieures. Que ce soit pour une raison ou une autre, le service militaire apparait donc incontournable pour la majorité des juifs israéliens.

44. Comment s'organise la défense israélienne et quel est son poids économique ?

- *L'arme atomique*

o Dès les années 50, et sûrement préalablement à celles-ci dans son esprit, David Ben Gourion désire acquérir l'arme nucléaire. Le projet est ambitieux certes, mais finit par aboutir grâce à Shimon Perez en 1957 par l'acquisition du réacteur nucléaire Dimona, légué par la France. Cet acquisition permet de mettre en place l'arme atomique dès la décennie suivante, et devient une composante incontournable de la défense israélienne. Même si le gouvernement ne l'a jamais dit officiellement, Israël demeure donc le seul État du proche Orient et l'un des 9 états dans le monde à être dotée de l'arme nucléaire. De fait, cette dernière reste un atout indispensable par la dissuasion nucléaire permise par sa possession.

- *Le poids de l'armée dans l'économie générale*

o Les dépenses militaires représentent en Israël 6% du PIB, soit 15 Milliards de dollars par an, ce qui constitue deux fois celles de la France, mais reste faible par rapport aux voisins tel que l'Arabie Saoudite ou Oman qui atteignent les 13-14%. En matière de défense national, l'industrie mise sur la haute technologie et la cyberguerre notamment, domaine dans lequel elle est au premier rang à travers les formations des universités de Beer-Shev'a, Technion, ou de Tel-Aviv, dont les renomées sont mondiale dans ce domaine. En 2014 d'ailleurs, une initiative gouvernementale crée le Cyber

Park dans la ville de Beer-Shev'a ; qui se veut être un centre technologique permettant la coopération des entités civile, industrielle et militaire du pays. Composante aujourd'hui non-négligeable de l'état Hébreu, ses compétences technologiques et militaires lui permettent de commercer avec bon nombre de pays à travers le monde, tel que la Chine, la France, la Russie, ou l'Inde - à qui elle a vendu pour 2 milliards de matériels militaires en 2017-, mais aussi, et surtout, les États-Unis.

- *Le poids américain dans la défense israélienne*

o Depuis 1987, donc maintenant 35 ans, au moins 1.8 milliards de dollars ont transité entre les États-Unis et Israël. Un chiffre passé à 3 milliards vingt ans plus tard, soit tout de même 20% du budget alloué à la défense. Les seuls apports américains ont notamment permis de financer le *Dôme de fer*, une invention militaire israélienne permettant de prévenir des tirs de roquettes à travers l'envoi de micro-missiles, mis en place à partir de 2011-2012. Et l'aide économique n'a depuis pas diminué. Malgré les tensions personnelles et non politique avec l'état israélien, l'administration Obama passe un accord avec Israël en 2016 pour financer militairement l'État à hauteur de 3.8 milliards par an entre 2019 et 2028, ce qui est non négligeable. Il ne faut cependant pas oublier que ces financements restent des prêts, et non des donations, marquant d'autant plus l'interdépendance entre les deux pays.

45. Quels musées pour les mémoires israéliennes et palestiniennes ?

o Pour les israéliens comme pour les palestiniens, les musées en tant que symbole historique sont partie intégrante de la mémoire nationale. Ils occupent donc une place importante quant à la construction d'une identité commune et pérenne.

o Les trois principaux musées israéliens :

- *Musée de l'immigration Clandestine* : Le musée a pour vocation « *de raconter l'histoire de la lutte pour le droit d'immigrer en Israël entre 1934 et 1948, lorsque le mandat britannique était en vigueur.* ». Il relate ainsi l'épisode du bateau Exodus, les camps de détentions britanniques et le combat mené contre le gouvernement mandataire jusqu'à la proclamation d'indépendance en Mai 48.

- *Musée de Yad Vashem* : Consacré à la Shoah, Yad Vashem demeure le plus connu des trois présentés. Il a pour but d'ancrer à travers des témoignages, des objets, et des pièces originelles des camps, le récit de 39-45. Si la création du Musée ne s'est faite qu'en 1953, chaque chef d'État en visite en Israël est aujourd'hui obligé d'y passer.

- *Musée national d'Israël* : Après avoir ouvert ses portes en 1965, le musée accueille des fouilles archéologiques ainsi qu'une collection de beaux-arts relatant la culture juive. Il vise de surcroit à mettre en valeur la présence juive historique au sein du territoire afin de soutenir les revendications d'indigénéités, l'indigénisme étant le fait pour un individu d'habiter dans le pays dont il tire ses origines.

o   Liste des musées palestiniens :
- *Le Musée Palestinien* -c'est son nom- est construit à Birzeit (petite ville de Cisjordanie) par une organisation non gouvernemental. Le musée se focalise principalement sur la *Nakba* Palestinienne. Il a donc pour but de donner une impression d'enfermement au visiteur afin de retranscrire la vie vécue à la suite de l'exode palestinienne (1948-1949) dans les différents camps qui leurs étaient attribués.

- *Abu Jihad Museum* : Le musée est édifié en Avril 2007. Il est situé à Jérusalem-Est et décrit la vie de prisonniers palestiniens ayant été incarcérés dans des prisons britanniques lors de la période du mandat, ou israéliennes dans lesquelles plus de 800 000 palestiniens ont fait un séjour depuis 1967 [Q.51].

- *Yasser Arafat Museum :* Construit en 2016 à Ramallah, le musée retrace la vie de Yasser Arafat. Perçu comme étant le père de la révolte palestinienne, le chemin de sa vie est décrit en détails, de son enfance jusqu'à son décès en 2004 dans le palais présidentiel qu'il habitait, la Muqatah.

46. Quelle est la situation des palestiniens en Cisjordanie et à Gaza à l'issue de la guerre des Six Jours ?

- *1967-1993*

o À l'issue de la guerre des Six Jours, la Cisjordanie passe sous autorité israélienne. La plupart des réfugiés palestiniens qui y vivent sont alors des paysans et 1/5 d'entre eux travaillent en Israël. Un pont avec la Jordanie est d'ailleurs créé et le Roi Hussein sera implicitement associé avec les israéliens durant ces années-là. Globalement, les conflits entre forces de sécurité israélienne et les réfugiés palestiniens sont nombreux durant cette période. Les séjours en prison sont récurrents et les conditions de vie mauvaises, ce qui entraîne l'affirmation d'une identité politique propre, couplée au renforcement d'un corps collectif national palestinien. Au fil du temps, la situation se dégrade progressivement et finit par aboutir à une période intense de conflit à partir de 1987. C'est la première Intifada.

- *Depuis 1993*

o En étant la conséquence de la première Intifada, des accords de paix sont signées à Oslo en 1993. À l'issue de ces derniers, la Cisjordanie est divisée en plusieurs zones (A, B, C) avec pour chacune des modalités civiles et sécuritaires différentes [Q.71].
Selon l'UNRWA, l'organisme s'occupant des réfugiés palestiniens, 687 000 réfugiés vivaient en Cisjordanie en 2005, dont 181 000 dans des camps crées par la Jordanie entre 1948 et 1967. Les camps où habitent ces

181 000 réfugiés s'apparentent le plus souvent à des bidonvilles, et la pauvreté y est présente. Ces réfugiés ne sont en partie pas intégrés à l'autre partie Palestinienne de la société -les palestiniens qui vivent dans les grandes villes de Cisjordanie comme Ramallah, et des inégalités territoriales subsistent.

- *Gaza / Cisjordanie : une situation différente*
o L'Autorité Palestinienne se distingue nettement du Hamas, l'autorité en place dans la bande de Gaza, ce qui permet aux réfugiés cisjordaniens d'avoir, malgré des conditions de vie dégradée, une vie plus stable. La situation économique dans les deux territoires reste tout de même mauvaise. Depuis 2007, le PIB en Cisjordanie a augmenté de 48% alors que celui de Gaza a baissé de 5%. Le salaire moyen à Gaza est estimé à 171€ en 2018, tandis que le chômage y est systémique. Il atteint 85% chez les femmes, 65% chez les jeunes, et 49% pour la population globale. Les habitants de Gaza dépendent des aides humanitaires et donc des aides de l'UNRWA, qui reste le premier employeur du territoire.

47. Qu'est-ce que l'Organisation de Libération de la Palestine ?

- *Sa fondation*
○ L'*Organisation de Libération de la Palestine* (OLP) est créée en 1964, à l'initiative du président égyptien Nasser. Les 3 éléments clé de son programme sont : une révolution (1) passant par la lutte armée (2) avec pour objectif l'établissement d'un état palestinien (3) sous souveraineté Arabe. Yasser Arafat arrive à sa tête en 1969.

- *Comment est-elle devenue importante ?*
○ Après la démission d'Ahmed Choukeiry, son premier président, en 1967, huit organisations armées intègrent l'OLP, même si chacune conserve son indépendance.
Parmi elles on retrouve ainsi le Fatah, crée par Arafat, la SAIKA (dirigé par la Syrie), le FLA (dirigé par les irakiens), ou encore le FPLP dirigé par George Habache. Les conflits internes et les ambiguïtés seront donc nombreux au sein de l'OLP, par la diversité des organisations et les liens qu'elles supposent avec les différents états arabes dont elles peuvent être issues.

- *Représentations*
○ Le comité exécutif de l'organisation, chargé de prendre les décisions, ne comporte pas à ses débuts de palestiniens issus de Gaza ou de Cisjordanie. En effet, ce n'est qu'après la reconnaissance officielle de l'OLP par l'ONU, donc en 1974, que les palestiniens sous autorité militaire israélienne intègrent le comité. Les postures opposées, notamment par rapport à la lutte

armée, se feront par conséquent de plus en plus fréquentes à l'issue de ces intégrations, puisqu'un attentat commis par l'autorité chargé de les représenter ne va pas dans leur sens au regard des représailles israéliennes qu'il entraine .

o   Les postures opposées apparaissent aussi directement entre les différentes organisations. Notamment après la guerre de Kippour qui marque un virement politique après la défaite des pays Arabes, et mène au départ des organisations les plus extrêmes comme le FPLP de Georges Habache.

• *Financement ?*

o   À ses débuts, le mouvement est financer par les palestiniens présents notamment au Koweït, territoire riche en pétrole. Après sa concrétisation en 1967, Les besoins financiers sont comblés majoritairement par l'apport de 5% du salaire de chaque palestinien, et des (jusqu'en 1991) pétromonarchies telles que l'Arabie Saoudite qui se mettent à financer officiellement l'organisation après sa reconnaissance en 74.

J'ai précisé plus haut jusqu'en 91, car la Guerre du Golfe change la donne. Yasser Arafat en soutenant l'invasion du Koweït par l'Irak se met à dos les pétromonarchies qui décident, au regard de son soutien à Sadam Hussein, de couper les ponts avec l'organisation.

48. Comment l'indépendance nationale palestinienne s'est-elle construite ?

« *Nous étions convaincus, par exemple, que les palestiniens ne pouvaient rien attendre des régimes arabes, pour la plupart corrompus ou liés à l'impérialisme [...] Nous pensions que les palestiniens ne pouvaient compter que sur eux-mêmes* » Salah Khalaf, co-fondateur du Fatah. [15]

- *D'où vient le mouvement Fatah ?*

o Après la défaite de 1948, les militants palestiniens sont utilisés par Nasser pour faire barrage à Israël, que ce soit à travers le harcèlement médiatique, ou les armes. C'est là que les groupes armés palestiniens, les *fedayins*, apparaissent et se forment. Parmi ces militants nous retrouvons Yasser Arafat qui en 1959 crée au Koweït son parti, le Fatah. Le mouvement se fonde avec d'autres militants palestiniens travaillant déjà dans les pétromonarchies, qui permettront de financer l'organisation jusque dans les années 1990.

- *Indépendance (voir aussi le point 1 de la question suivante)*

o Son objectif premier vise à « *libérer le territoire palestinien de l'entité sioniste* ». Le mouvement se distingue en prônant une identité palestinienne autonome, qui ne se crée pas grâce à l'impulsion des autres pays arabes dont il dénonce la manipulation.

---

[15] Black, I., n.d. *Enemies and neighbours.* p.171

Sa lutte contre « l'entité sioniste » passe par les armes et chaque nouveau membre doit suivre une formation militaire qui l'initie à la guerre. Une fraternité des armes se crée donc progressivement et s'ajoute à celle préexistante grâce au lieu d'origine et la Nakba.

Après quelques heurts avec l'OLP de Nasser, la guerre de Six jours marque un tournant en permettant au Fatah de rejoindre l'OLP en 1967, et de gagner en l'espace de quatre ans 9500 membres, faisant d'elle l'organisation principale.

- *La reconnaissance de l'ONU*

o Un changement de politique s'effectue après l'attentat de Munich en 1972 ou 11 athlètes israéliens sont assassinés par l'organisation terroriste palestinienne Septembre Noir. L'événement entache la cause mais résonne à l'international. Dans la continuité de cet écho, l'objectif d'Arafat réside dans la reconnaissance politique de la cause palestinienne, au détriment d'une lutte armée, même si celle-ci ne cesse pas. Et l'objectif fixé est atteint. Deux ans plus tard, après son fameux discours, le président de l'OLP concrétise ses ambitions après la reconnaissance du statut officielle de l'entité palestinienne par l'ONU. L'organisation trouve ainsi son indépendance auprès des autres pays membre de l'organisation. La Palestine entre d'une certaine manière dans le concert des nations.

- *Palestiniens de l'intérieur/palestiniens de l'extérieur*

o À la suite de l'opération *Paix en Galilée* menée par Tsahal en 1982 au Liban, Le Fatah de Yasser Arafat connaît une brève crise politique ; le pouvoir d'Arafat est partiellement contesté, mais rien de concret ne s'ensuit.

Toutefois, deux crises intimement liées se joindront à la fin des années 80, et plus particulièrement au commencement de la première Intifada en Décembre 87. La première renvoie à la césure s'opérant entre palestiniens de l'intérieur (au sein des territoires occupés) et de l'extérieur (au sein des organisations palestinienne) ; ni les états arabes, ni l'OLP, n'ayant prévu ce soulèvement. Découle ensuite de cette césure la deuxième crise, qui s'installe entre Arafat et les pétromonarchies.

Le dirigeant palestinien tente en effet de récupérer son importance avec la convention internationale de Genève en 1988, puis par le soutien porté à Sadam Hussein en Août 1990 lors de la Guerre du Golfe, qui s'avère contre-productif. Le soutien fait à l'Irak déclenche en effet un conflit politique entre l'OLP et les pétromonarchies, tandis qu'une nouvelle indépendance parallèle se construit progressivement au sein des palestiniens de l'intérieur. L'organisation palestinienne est donc partiellement exclu des discussions de Madrid après des attentats perpétrés en Israël au début des années 90 – elle se cachera derrière la Jordanie-, au profit de militants palestiniens locaux issus de la première Intifada.

o   L'indépendance de la cause palestinienne est donc bien concrète, et trouve sa complexité dans les conflits qui peuvent parfois opposer les différents palestiniens, qui tendent à contester les autorités qui les dirigent. Que ce soit en 1987 avec Arafat, ou aujourd'hui avec en Cisjordanie l'Autorité Palestinienne de Mahmoud Abbas, et à Gaza avec la main mise autocratique du Hamas.

49. Que supposent les chartes de l'OLP de 1964 et 1968 ?

« La libération complète de la Palestine et l'éradication de l'entité économique, politique, militaire et culturelle sioniste », Projet originelle de constitution du Fatah[16]

- *Évolution vers l'indépendance*

o La première charte de l'OLP est établie à l'issue de la création de l'organisation par Nasser en 1964. Crée pour accroître son influence dans la région, la charte insiste alors sur l'appartenance de la Palestine à la grande nation arabe. *« La Palestine est une terre arabe unie par des liens nationaux étroits aux autres pays arabes »*. (Art. 1).

Les événements qui suivront en 1967, à savoir la guerre des Six Jours et l'arrivée des 8 organisations principales, changent cependant la donne. L'influence d'Arafat progresse au sein de l'organisation (le Fatah gagne plus de 9000 membres entre 66 et 70), et l'OLP se revendique de plus en plus comme une entité indépendante. On passe ainsi de *« La Palestine est une terre arabe unie* [qui forme avec les autres pays arabes] *la grande nation arabe »* en 1964 à *« La Palestine est la patrie du peuple arabe palestinien : elle constitue une partie inséparable de la partie arabe, et le peuple de Palestine fait partie intégrante de la nation arabe »* en 1968.

---

[16] Lescure, J., n.d. *Le conflit israélo-palestinien en 100 Questions*. Question 56 :"Qu'est-ce que la charte de l'OLP"

- *Ce qu'elle dénonce*

o La charte dénonce l'idéologie sioniste qu'elle considère comme un « *mouvement politique organiquement lié à l'impérialisme international, [qui est] raciste et fanatique par nature* » *(*Art 22*)*. La déclaration Balfour est dès lors perçu comme « *non-avenue* » (Art. 20), et l'existence Israël n'est pas reconnue par l'organisation, « *Le partage de la Palestine en 1947 et l'établissement de l'État d'Israël sont entièrement illégaux* » (Art. 19). L'organisation proclame ainsi « *son droit à l'autodétermination et à la souveraineté sur ce pays* », et esquisse des revendications qui font encore écho aujourd'hui.

- *La lutte armée*

o Là encore, la guerre des Six Jours est bien représentative du changement de position. Si la charte de 1964 ne mentionne pas le mot armée, la charte de 1968 insiste sur le sacrifice de chacun. « *[Chaque palestinien] doit être préparé à la lutte armée et au sacrifice de sa vie afin de recouvrer sa patrie et d'œuvrer à sa libération.* » (Art. 7). Elle proclame que « *La lutte armée est la seule voie menant à la libération de la Palestine. Il s'agit donc d'une stratégie d'ensemble et non d'une simple phase tactique* ».(Art. 9) et marque ainsi les futures relations qu'entretiendra l'organisation avec l'état israélien. Elle ne sera considéré caduque que 20 ans plus tard lors de la conférence d'Alger et de la visite d'Arafat en France,

afin de permettre des discussions qui finiront par se tenir
à Oslo en 1993.[17]

---

[17] Monbalagan.com. n.d. Disponible à l'adresse suivante :
https://monbalagan.com/images/sources/1964-
1968_Chartes_OLP.pdf. La véracité des informations contenu
dans le document a été vérifiée avec les sites suivants :
https://www.france-palestine.org/Charte-nationale-
palestinienne-de,1794, Les articles cités viennent de la charte
de 1968, sauf pour le premier. https://mjp.univ-
perp.fr/constit/ps1968.htm.

50. Comment les états arabes ont-ils instrumentalisé les organisations concurrentes du Fatah ?

- *Dissidence*

o Il ne faut pas oublier que l'OLP est reconnue comme la représentante de la cause palestinienne par les États Arabe et l'ONU depuis 1974. De fait, la personnalité de son président a reste d'une certaine importance que ce soit au niveau international ou en interne. Et il faut dire que Yasser Arafat n'a pas fait pas l'unanimité au sein de l'organisation. Contrôlée ou influencé chacune par un pays différent, les branches de l'OLP sous contrôle étatique ont toujours permis aux états arabes de soutenir, que ce soit d'un point de vue politique ou autre, la cause palestinienne, ce qui ne manquera pas de crée de nombreuses dissensions.

o Le Front de Libération Arabe (FLA) irakien, bien que faisant partie de l'OLP, a toujours suivi les directives données par Bagdad au détriment de l'unité nécessité au sein de l'organisation palestinienne. La Syrie, qui agit à travers la SAIKA, est quant à elle particulièrement opposée à Arafat et voit dans la SAIKA la possibilité de retrouver le Golan perdu en 73.
En 1974, un ancien membre du Fatah soutenu par les irakiens, Abou Nidal, crée le Fatah-Conseil révolutionnaire, dit Fatah-CR, à la suite d'une scission avec Yasser Arafat et assassine au Portugal en 1983 Issam Sartaoui, le conseiller politique d'Arafat, chef du comité exécutif de l'OLP. À l'issue de cet assassinat, la Syrie lui propose de s'installer à Damas, même si l'implication de l'État dans la cause palestinienne est

sujet à débat, car les palestiniens présents en Syrie ne peuvent posséder de terres ni obtenir la nationalité syrienne, et résident dans des camps éloignés des villes principales.

- *Un soutien qui ne fait pas l'unanimité*
○ En faisant un lien entre son départ du Koweit, et le départ des forces israéliennes de la Cisjordanie et de Gaza, Sadam Hussein attire de nombreux supporters au sein du monde Arabe, dont les palestiniens, et donc dont l'OLP, qui en pleine crise de légitimité cherche à regagner son influence. Mais au vu de l'opposition à Sadam Hussein au sein des pétromonarchies, le soutien d'Arafat n'est pas sans conséquence. Après les accords d'Oslo en 1993, l'Arabie Saoudite et les états Arabes aident les palestiniens en soutenant des hôpitaux, des écoles, etc…. mais sans passer par l'OLP. Tandis qu'en que la même année, une aide de 200 millions destinée aux palestiniens devait être faite par les pétromonarchies, mais n'a pas abouti car devant transiter par l'OLP.

51. Quels ont été les aboutissants de la lutte armée menée par l'OLP ?

- *À ses débuts*

o Dès 1965, des incursions militaires de faible ampleur sont faites par Arafat et marquent le début des tensions présente entre l'OLP et le Fatah qui dureront jusqu'en 67. Année charnière, la guerre de Six Jours radicalise les deux parties et les incursions militaires de l'OLP deviennent terroristes. Elles n'ont pas de réelles stratégies mais créent une identité nationale propre au sein de la communauté palestinienne tout en permettant de faire connaître le mouvement palestinien à l'internationale.

- *Les attentats les plus connus*

o *Jordanie, 6 Septembre 1970* : Parmi les attentats les plus connus, nous retrouvons les détournements d'avions de Dawson's Field à Zarka en Jordanie, ou Georges Habache, à la tête du Front populaire de Libération de la Palestine (FPLP), prend en otage des centaines de personnes, les évacue, et fait exploser les trois avions par lesquelles ils étaient arrivés.

o *Jeux Olympiques de Munich, Septembre 1972* : Parmi les attentats ayant ponctué cette lutte armée palestinienne, l'attentat qui a fait le plus parlé de lui est celui de Munich en 1972. L'organisation palestinienne Septembre Noir, soutenue financièrement et en hommes par le Fatah, prend en otage 11 athlètes israéliens lors des Jeux Olympiques de Munich et finit par les tuer. L'attentat choque les journaux internationaux et dégrade ainsi largement l'image de la cause palestinienne.

o *Massacre de la Plaine Côtière, Mars 1978 :* Le 11 Mars 1978, un commando palestinien appartenant au Fatah de Yasser Arafat attaque un bus traversant la plaine côtière de Tel-Aviv, emmenant avec lui 39 personnes, parmi lesquels on compte 38 civils dont 13 enfants et un soldat. C'est une onde de choc au sein de la société israélienne, qui réplique trois jours plus tard en lançant l'Opération Litani pour détruire les quartiers de l'OLP situés au Sud Liban.

- *L'apparition de la stratégie politique*

o Mais après la guerre de Kippour, l'OLP adopte une stratégie plus diplomatique en acceptant de négocier avec son interlocuteur israélien. Cela crée une césure au sein de l'organisation, qui voit dès lors des tensions internes entre ceux qui acceptent, et ceux qui n'acceptent pas de négocier avec l'État Hébreu.

o Dans un contexte de négociation avec le président américain Jimmy Carter à l'aube de l'année 1977, un nouveau tournant majeur prend place en Mars lorsque le conseil de l'OLP proclame une « *indépendance national* » et non une « *libération totale* » de la Palestine[18], ce qui sous-entend l'acceptation d'une solution politique. Cette nouvel décision est alors vivement rejetée par les partis les plus dissidents de l'OLP. Tandis qu'elle s'avérera avoir en plus été inutile au vu des accords de Camp David signé 1 an plus tard (Voir question suivante).

---

[18] Anziska, S., n.d. *Preventing Palestine*. p.81.

o   Malgré l'émergence d'une ligne politique nouvelle, les incursions militaires durent jusqu'en 1987, année de la première intifada, ce qui dévoile un échec patent. La stratégie de la lutte armée n'a pas porté ces fruits et les révoltes témoignent d'un ras-le-bol des réfugiés palestiniens contre leurs dirigeants et leurs conditions de vie. Arafat part donc sur un terrain plus diplomatique et finit par déclarer à l'ONU en 1988 qu'il renonce à toute forme de terrorisme, que celui-ci soit individuelle, de groupe ou étatique.

   • *En résumé, quelles ont été les aboutissants de cette lutte armée ?*

1.   Elle a permis de renforcer le nationalisme palestinien
2.   Même si cela n'a pas toujours permis des retombées positives, elle a permis aux palestiniens d'acquérir une visibilité à l'international.
3.   Elle a personnalisé le *sionisme* comme un ennemi à part entière qu'il faut combattre, amenant donc un nouvel antisémitisme.
4.   Elle n'a pas permis d'améliorer les conditions des palestiniens en territoire occupé, créant ainsi un fossé progressif entre palestiniens de l'intérieur(au sein des territoires), et palestiniens de l'extérieur (au sein des organisations), qui s'est dévoilé lors de la première Intifada.

52. Comment l'OLP s'est-elle imposée auprès des réfugiés cisjordaniens ?

Rappel : La Cisjordanie après la guerre des Six jours est sous administration israélienne.

- *À ces débuts*

o À ses débuts en Cisjordanie, donc après la guerre des Six Jours, Arafat peine à s'imposer. La lutte armée qu'il prône crée beaucoup de réticences chez les réfugiés de l'intérieur qui craignent les représailles israéliennes. Tandis que la Jordanie cherche tant bien que mal à garder une emprise sur le territoire, dans l'espoir qu'il soit un jour réattribué. Le roi Hachémite sera cependant confronté à l'émergente OLP à la fin des années 70.

o Arafat arrive à la tête de l'organisation palestinienne en 1969 et lui fait prendre importance ainsi que légitimité, ce qui permet notamment de se détacher de la main mise politique des états arabes sur la cause Palestinienne. En 1972, un « Front national jordano-palestinien » alors lié à l'OLP est constitué par des membres du parti communiste en Cisjordanie. Il est illégal certes, mais arrive à se faire connaître au sein des réfugiés palestiniens. L'organisation se veut être un résistant politique à Israël en contrôlant les diverses municipalités, et ne prône donc pas la lutte armée. Mais l'autorité d'Arafat seul commence à s'imposer au sein du territoire Cisjordanien. Le front ne reste actif que jusqu'en 1977, année où il est dissous par le leader palestinien qui y voit une concurrence.

- *Un intermédiaire*

o L'OLP s'impose aussi en territoire cisjordanien car elle joue un rôle d'intermédiaire entre palestiniens de l'extérieur et palestiniens de l'intérieur. Le 1er Octobre 1978, une grande mobilisation avec des prêtres, des syndicalistes, des maires, etc... se rassemble en Cisjordanie pour condamner les accords de Camp David signés entre Israël et l'Égypte. Un texte est écrit, et l'OLP transmet ce texte à l'ambassadeur Irakien à l'ONU, qui le transmet par la suite au secrétaire général de l'ONU, ce qui permet finalement de faire ressortir la question palestinienne lors de l'Assemblée générale. Elle permet donc une sorte de lien entre palestiniens de l'intérieur et de l'extérieur qui s'associent pour représenter la cause à l'international. Même si l'impact qu'elle a sur les conditions de vie des palestiniens reste limité, il faut constater qu'Arafat a gagné la guerre d'influence instillé entre lui et une Jordanie en quête de territoires perdus.

53. Quelle est la situation des réfugiés palestiniens au Liban ?

o Chaque État qui recueille les réfugiés palestiniens à l'issue de l'exode de 1948-1948 agit différemment. Pour le cas des réfugiés palestiniens au Liban, 3 phases sont observables.

- *1ᵉ Phase, 1948-1969, une non-intégration concrète*

o Les réfugiés n'ont pas le droit à la nationalité. Il y a un « refus de l'implantation » qui ne permet pas aux réfugiés d'obtenir des biens fonciers, d'accéder à l'éducation, ou de pratiquer les métiers qu'ils veulent. En 1959, donc 11ans après la guerre de 1948-1949, les camps sont réellement devenus des habitats précaires ou l'utilisation de clous notamment est interdite par le gouvernement Libanais, de peur d'une construction pérenne d'un habitat. Des réfugiés veulent donc s'enfuir en Syrie, pays qui les refusent. D'autant que la guerre de Six Jours entre Israël et les États Arabes entraîne le départ de 250 000 palestiniens, qui se répartissent entre la Jordanie et le Liban, ce qui ne fait que renforcer l'instabilité déjà présente.

- *2ᵉ Phase : 1969 -1982, Guerre civile*

o Après des tensions avec le gouvernement libanais, les accords du Caire en 1969 permettent à l'OLP de contrôler les camps de réfugiés palestiniens présent au Sud Liban. Yasser Arafat en profite ainsi pour transformer le Sud-Liban en « *Fatahland* », donc en une base arrière de la lutte palestinienne, sans pour autant prendre en compte l'opinion du gouvernement libanais. Tout cela mène à la guerre civile libanaise qui commence dès 1975, et qui se suit en 1982 par l'opération israélienne *Paix en Galilée* (cf. question suivante).

- *3ᵉ Phase : 1982- aujourd'hui, sédentarité*
  - L'opération Paix en Galilée a eu pour but de chasser les membres de l'OLP présent au Sud Liban. Si l'on s'attache à la volonté initiale, l'objectif est rempli par les israéliens car les membres de l'OLP quittent le Liban pour la Tunisie. La guerre civile ne s'arrête pas pour autant au pays du Cèdre, et l'instabilité qui y règne reste importante. En 1987, le président libanais signe une loi annulant les accords du Caire signé avec l'OLP en 1969. Et depuis cette date, le Liban a la main mise sur les camps de réfugiés palestiniens.

C'est ainsi que depuis 40 ans, après une guerre civile ponctuée de rebondissements, les 170 000 réfugiés palestiniens du Liban n'ont plus d'impact médiatique. Ils sont parqués dans des camps situés hors des métropoles, dans lesquelles ils ont développé leur propre autonomie tout en restant sous le contrôle de l'armée libanaise. Ils revendiquent donc largement leur droit au retour.

54. Pourquoi Israël mène-t-il l'opération *Paix en Galilée* au Liban ?

- *Remise en contexte*

o 250 000 palestiniens – à majorité sunnites – sont arrivés en Jordanie et au Liban après la guerre des Six-Jours. Le Pays du Cèdre a donc été après *Septembre Noir* [Q.58] la base armée de l'OLP. Seulement, bien que les forces armées libanaises soutiennent la cause Palestinienne, les actes des réfugiés palestiniens déplaisent aux chrétiens et à la majorité musulmane chiite du pays. En effet, les actions armées menées par les forces de l'OLP au Sud entraînent souvent des représailles israéliennes et la tension monte graduellement ; elle explose en 1975 en une guerre civile entre chrétiens et palestiniens.

o Trois ans se passent (la guerre civile fait 150 000 morts au total), et un tournant s'opère lorsque le 11 Mars 1978, un bus est attaqué par un commando palestinien. L'attentat, connu sous le nom du « Massacre de la plaine côtière » fait 38 mort, et résonne dans les villes Israël. Le gouvernement réplique alors en menant l'*Opération Litani* du 14 au 21 Mars, qui cesse sous la pression des Nations Unies. Mais les tensions ne baissent toujours pas par-delà la frontière Nord, et la situation demeure chaotique. L'élection d'Ariel Sharon (qui incarne une ligne dure) en Israël et l'assassinat de l'ambassadeur israélien à Londres allument une poudrière. L'état Hébreu, non dénué d'intérêts politique et stratégiques, décide finalement d'intervenir une bonne fois pour toutes afin de chasser les fedayins palestiniens et remettre le pays aux mains des chrétiens maronites, qui constituent de potentiels alliés. Pour ce faire, ils déclenchent l'opération *Paix en Galilée.*

- *Le succès et ses conséquences*
  o Le 6 Juin 1982, les forces armées de Tsahal rentrent au Liban pour contrer les *fedayins* (groupes armés palestiniens). Alors qu'elle ne devait être qu'une opération, *Paix en Galilée* finit par prendre des proportions qui n'étaient pas prévues par les américains et Begin. Même si le but originel a en soit été atteint, par la percée des troupes israéliennes au quartier général de l'OLP situé à Beyrouth Ouest, le ministre de la défense Ariel Sharon pénètre plus que le Sud Liban, donc continue les opérations, et provoque la colère de Reagan et de Begin, qui finit par le sanctionner. Un accord sous médiation internationale est finalement signé en Août et permet le départ officiel des membres de l'OLP vers la Tunisie en Septembre. Mais tout comme l'expulsion de 1970 par la Jordanie, ce départ ne se fait pas sans conséquence.

- *Gemayel, Sabra et Chatila*
  o Le 14 Septembre 1982, Habib Shartouni, membre du Parti Social Nationaliste Syrien (ayant combattu aux côtés des palestiniens) assassine dans l'après-midi Bacher Gemayel, le nouveau président libanais, par un attentat à la bombe. Le président libanais élu 22 jours plus tôt ayant été un proche des israéliens. Mais le sang entraîne le sang et les milices chrétiennes ne restent pas silencieuses.

C'est ainsi qu'entre le 16 et 18 Septembre, à Beyrouth, les phalanges chrétiennes, sous l'œil passif des israéliens, répliquent en assassinant froidement 1500 palestiniens. Encore encré dans les mémoires, ce sont les massacres de Sabra et Chatila.

- • *Une large défaite sur le plan morale et politique*
o Les massacres de Sabra et Chatila provoquent un choc en Israël, et apparaissent comme une honte pour la population au regard de la possible implication de soldats israéliens dans le processus, ce qui mène à la création de la Commission Kahan. Chargée de juger le rôle de l'armée israélienne quant aux massacres, son rapport s'avère concluant lorsque le ministre de la défense Ariel Sharon, le directeur du renseignement militaire Yehoshua Saguy, et le commandant en charge de la division israélienne de Berout, Amos Yaron, sont contraints de quitter leur poste.

Plus largement, alors que le désir d'Israël fut de contrer le mouvement palestinien au Liban, elle l'a en fait renforcé à l'internationale. L'OLP en profite pour faire à nouveau un virage politique car les massacres font écho dans le monde, et la cause palestinienne émerge une nouvelle fois dans les esprits.

- • *La guerre de 2006*
o L'opération Paix en Galilée a en effet permit de chasser les palestiniens de l'OLP. Mais la guerre civile a vu l'apparition d'un nouvel ennemi bien plus féroce pour les israéliens, le Hezbollah chiite libanais. Lié au guide suprême iranien, le mouvement fut créé avant la guerre

civile libanaise, après des conflits entre chiites musulmans et sunnites palestiniens. Contraints d'abandonner leurs habitats, les chiites partent vers le Nord, mais tombent dans la pauvreté. Ils créent le mouvement Amal, qui par la suite se radicalise lors de la guerre civile, et sera à l'origine du Hezbollah.

Après le retrait définitif d'Israël le 25 mai 2000, les conflits sont de faible intensité certes, mais ne disparaissent jamais à la frontière. Jusqu'en 2006 ou, après l'assassinat de 8 soldats israéliens, une guerre éclate. Elle est courte et se solde par un bilan négatif. Les pertes se font sentir des deux côtés, avec 1800 morts du côté libanais et 210 morts du côté israélien.

En Israël l'opération est perçue comme un échec militaire et l'incompétence des chefs militaires et politiques israéliens sera pointé du doigt dans une commission d'enquête tenu à ce sujet en 2008.

55. Quels rôles jouent les réfugiés palestiniens dans les États du Golfe (Koweït, Qatar, Arabie Saoudite) ?

- *Un soutien financier*

o Avec le boum économique des années 1960, beaucoup de palestiniens gagnent les pétromonarchies, qui financent ainsi les organisations Palestiniennes, et notamment une, le Koweït, ou en 1975 20% de la population du royaume est composé de jordaniens et palestiniens.

- *Le tournant après l'invasion*

o Mais tout cela ne dure que jusqu'en 1990, année de l'invasion du Koweït par l'Irak.

Au sein des camps de Cisjordanie et de Gaza, les réfugiés accueillent avec joie l'Invasion du Koweït par l'Irak de Saddam Hussein. Le président irakien est acclamé dans les rues, et apparait comme étant le « *symbole du panarabisme»,* l'attaque d'un pays vassal des États-Unis constituant la pierre fondatrice du mouvement. Aussi, il ne manque pas de faire un parallèle entre l'invasion du Koweït et « *l'invasion israélienne de la Palestine* », l'État hébreu étant associé à cet *impérialisme* américain. Bagdad étant le premier pourvoyeur de fonds de l'OLP lors de la première Intifada, Arafat n'hésite donc pas à soutenir le gouvernement irakien. Dans un premier temps, parce qu'il reste essentiel à la bonne santé financière de l'OLP. Dans un second, car il pourrait renforcer l'allégeance des palestiniens à l'organisation, qui est de plus en plus contestée par les palestiniens de l'intérieur -vivant en territoire occupée, tout en étant concurrencée par une organisation émergente, le Hamas.

- *Un soutien quelque peu regretté*

o   300 000 palestiniens Koweïtien et Saoudien doivent fuir après l'invasion irakienne, qui conduit à des pertes estimées à 133 millions de dollars pour l'OLP.

Le versement de l'Arabie Saoudite et des États pétroliers à l'OLP cessent pour un temps. Tandis que les comptes du Hamas, organisation crée 4 ans plus tôt lors de la première Intifada de 1987, bénéficient d'un soutien financier et militaire iranien.

La césure avec les États du Golfe reste profonde, et ce n'est qu'en 2001(comité exécutif) puis en 2013 (Mahmoud Abbas) que des membres de l'OLP sont reçus au Koweït.

56. Pourquoi les membres de l'OLP ont-ils été chassés de Jordanie en Septembre 1970 ?

- *Remise en contexte :*

o Après la guerre de Six Jours, la force armée palestinienne en Jordanie représente 40 000 combattants, soit un palestinien sur six présents au sein du pays. Le 21 Mars 1968, le royaume hachémite et le Fatah coopèrent ensemble pour faire face à Israël sur la vallée du Jourdain, et gagnent la bataille de Karameh. L'entente entre les deux parties est par suite globalement bonne.

o Mais la situation à Gaza et en Cisjordanie, territoire passé sous contrôle israélien après la guerre, pousse progressivement les *fedayins* palestiniens à intensifier leur lutte, ce qui n'est pas sans conséquence. Les attaques palestiniennes provoquent des représailles israéliennes sans précédentes, et les palestiniens qui représentent à ce moment-là 60% de la population totale de Jordanie suscitent une méfiance de plus en plus grande chez le roi Hachémite.

- *Une scission progressive*

o Après son élection à la tête de l'OLP en 1969 et les accords du Caire lui ayant permis un contrôle total sur les camps de réfugiés palestiniens du Liban, Arafat utilisa le Sud-Liban comme base arrière permettant de poursuivre la lutte armée palestinienne. Toutefois, voyant son influence en Jordanie augmenter, l'idée de ce territoire comme une base arrière secondaire lui parut bonne. C'est ainsi qu'à partir de 1969, les instances jordano-palestiniennes commencent à perdre les liens crées. D'autant qu'Arafat est, démographiquement, en position de force, le dialogue avec le roi Hachémite se rompt progressivement. Les territoires où l'autorité jordanienne ne s'exerce plus se multiplient. Et à l'Été 1970, après un appel d'Arafat à renverser la dynastie, le Roi de Jordanie échappe à plusieurs attentats terroristes.

- • *Une opération sanglante*
- ○ Mais les jordaniens n'attendent pas les bras croisés. Le 12 Septembre 1970 marque ainsi le début d'une offensive menée par l'armée jordanienne contre les fedayins de l'OLP, qui s'encrera durablement dans les esprits : l'opération *Septembre Noir.*

- ○ Le 16 Septembre, la loi martiale - loi autorisant le recours à la force armée - est proclamée ; dès lors, des bombardements commencent sur les camps de réfugiés palestiniens. Ils feront, en l'espace de 10 mois, entre 3400 et 10000 morts, parmi lesquels on compte une majorité de civil, et continueront jusqu'en Juillet 1971, date à laquelle les membres de l'OLP sont expulsés vers le Liban. Une expulsion qui sera d'ailleurs lourde de conséquence, avec le 28 Novembre 1971 l'assassinat du premier ministre Jordanien Wasfi Tall par un commandant de la toute nouvelle organisation terroriste *Septembre Noir,* à l'issue de la célébration du premier anniversaire de l'opération du même nom.

57. Comment l'OLP a-t-elle été reconnue comme étant le représentant légitime du peuple palestinien ?

« Je suis venu ici tenant d'une main le rameau d'olivier et de l'autre mon fusil de révolutionnaire. Ne laissez pas le rameau vert tomber de ma main. Je le répète : ne le laissez pas tomber de ma main. », Discours de Yasser Arafat, le 13 Novembre 1974 à l'ONU.[19]

- • *Rappel*

○ Après sa création par le président égyptien Nasser en 1964, l'OLP prend de l'importance en 1967 lorsqu'elle parvient à regrouper les 8 organisations palestiniennes principales, parmi lesquelles on retrouve le Fatah de Yasser Arafat.

- • *La reconnaissance progressive*

○ En octobre 1974, le sommet de la Ligue Arabe à Rabat reconnaît l'OLP comme seule représentante du peuple palestinien, déniant ainsi la souveraineté de la Jordanie sur la Cisjordanie malgré l'attachement du Roi Hachémite à ce territoire. Dans la continuité de la reconnaissance des pays Arabes, et en partie grâce à cette dernière, le 13 Novembre 1974 marque la reconnaissance de l'OLP, qui devient la représentante

---

[19] JeuneAfrique.com. n.d. *Palestine : 13 novembre 1974, discours historique de Yasser Arafat à l'ONU – Jeune Afrique.* [online] Disponible à l'adresse suivante : https://www.jeuneafrique.com/40326/politique/palestine-13-novembre-1974-discours-historique-de-yasser-arafat-l-onu/.(

officielle des palestiniens par l'ONU. Les Nations Unies internationale accorde ainsi à l'organisation d'Arafat le statut d'observateur, ce qui permettra notamment à cette dernière de participer aux débats du conseil de sécurité des Nations Unies à partir de 1976.

- *Le discours*

o En prônant un « *état palestinien où musulmans, chrétiens et juifs vivraient ensemble.* », Yasser Arafat a notamment ponctuée cette journée centrale. Le discours prononcée devant les Nations Unies, et terminé par ces mots devenu célèbre cités au début de la question, est marquée par les valeurs pacifistes qu'il promeut, et font contrebalancer la vision que l'on pouvait avoir des palestiniens, alors connus pour leurs actions terroristes après les attentats de Munich deux an plus tôt.

- *L'impact politique pour les palestiniens et Israël*

o Ces gains diplomatiques de l'OLP ont eu des impacts politiques significatifs sur Israël. En Novembre 1975 et dans la continuité des évènements politiques de l'année précédente, la résolution 3379 est adoptée par l'Assemblé générale et considère textuellement « *le sionisme [comme] une forme de racisme et de discrimination raciale* ». Une prise de position idéologique qui marqua le début de la partialité onusienne, ainsi que la détestation de l'ONU par les israéliens. Même si dans le désire d'enclencher des négociations en 1991, la résolution finit par être retirée. Les opinions, les animosités, n'ayant pas été modifiées entre 1974 et 1991 à l'inverse des alliances entre États, cette résolution reste un symbole de l'aspect politique, esthétique, du conflit, qui n'est pas à négligé.

58. Qu'est-ce que la guerre de Kippour ?

- *Remise en contexte*

o La débâcle de 1967 est encore fraîche dans la tête des dirigeants Arabes qui ne pouvaient en rester là. Les israéliens de leur côté ont succombés à l'euphorie et aux illusions, pensant Tsahal comme une force invincible, et sous-estimant ainsi les capacités des arabes.

- *Présentation*

o Cette guerre oppose Israël soutenu donc par les États-Unis, à la Syrie et l'Égypte soutenu par les Soviétiques, ainsi que d'autres pays arabes tel que l'Irak ou le Maroc. Ayant intégré l'expérience de 67, les forces armées Arabes arrivent cette fois-ci en étant plus puissantes et mieux équipés. L'armée syrienne passe par exemple entre 67 et 73 de 40 000 à 400 000 homes, tandis que l'Égypte bénéficie d'un apport militaire soviétique important.

- *La guerre*

o Épaulés par un pont militaire mis en place par l'URSS, les forces syriennes (par le plateau du Golan) et égyptiennes (par le Sinaï) attaquent par surprise Israël le 6 Octobre 1973 à l'aube de *Yom Kippour*, jour le plus important de l'année dans la religion juive. En effet, Golda Meir, premier ministre travailliste d'Israël n'a pas su, malgré les avertissements des forces militaires au préalable, entreprendre cette guerre, ce qui lui coûta d'ailleurs son poste. Les pertes sont donc lourdes au début pour l'état israélien qui n'avait pas connu ça depuis la guerre de 48.

o Après, une semaine de combat et des négociations quelques peu houleuses, un pont aérien finit par être installé par les États-Unis, ce qui change largement la donne et permet aux israéliens de reprendre le dessus. La guerre se solde ainsi par une victoire de Tsahal, 18 jours après son commencement, même si la victoire ne reste que militaire. Sur le plan moral, la guerre demeure un traumatisme pour la société israélienne qui plonge dans une crise de confiance envers ses politiques, couplé à une crise économique causé par la hausse des prix du pétrole provoqué par l'OPEP (1er choc pétrolier). À l'inverse, elle est perçue comme une victoire partielle par l'Égypte de Sadat notamment, qui a su prouver qu'elle pouvait causer des pertes à son ennemi.

- *La paix ?*

o La guerre de Kippour a permis la signature d'accords de paix israélo-égyptien (Janvier 1974) et israélo-syrien (Mars 1974). Mais au-delà de ces deux accords assez formel finalement, la paix s'est surtout inscrite, avec du recul, dans une logique de long terme qui dépasse largement celle des signatures. En effet, il est important de préciser qu'a l'issue de cette guerre les états arabes n'ont jamais été aussi puissant militairement, mais que l'action militaire contre les forces israéliennes n'a dès lors plus été possible au regard de la défaite. C'est donc ainsi que la lutte, qui par le passé s'est mené dans le sang, est devenu beaucoup plus diplomatique et politique, car depuis plus aucune guerre frontale et d'une telle ampleur n'a eu lieu.

- *La scission au sein de l'OLP*
o Les armées Arabes défaites, l'OLP ne peut plus compter sur leur soutien pour mener sa lutte armée contre Israël. Elle est contrainte alors de changer ses objectifs et décide d'adopter elle aussi une stratégie plus politique, sans pour autant abandonner la lutte armée. En Juin 1974, le Conseil national palestinien publie un programme en 10 points et insiste sur un compromis pour non pas la Palestine historique, mais « les territoires palestiniens libérés », ce qui implique implicitement l'acceptation d'une solution politique. Un nouveau paradigme entrainant une scission idéologique se crée donc à l'issue de cette décision. On oppose dès lors les palestiniens enclin à accepter de négocier, à ceux ne l'étant pas. Ce qui entraîne finalement les partis les plus extrêmes tel que le FPLP de Georges Habache à quitter l'OLP.

59. Quels étaient les vrais objectifs de Sadate avant la signature de Camp David I ?

« Il faut fournir une patrie aux réfugiés palestiniens qui souffrent depuis de très nombreuses années. ». Jimmy Carter, 13 Mars 1977 [20]

- *Présentation*

o Le 19 Novembre 1977, le Président Égyptien Anouar el-Sadate se rend, à la surprise des États-Unis et des états Arabes, à Jérusalem. C'est un choc pour la population égyptienne et au sein du monde arabe, qui malgré le discours fédérateur de Sadat à la Knesset (le parlement israélien) en tiendra rigueur à l'Égypte en l'excluant de la ligue arabe pour dix ans. Mais alors, d'où vient cette visite ? Comment Sadate a-t-il pu mener une guerre contre son ennemi juré en 73, et rendre visite à ce même ennemi 4 ans plus tard ? À quoi la visite a-t-elle vraiment abouti ?

- *Un changement d'objectif*

o Si Nasser avait comme premier objectif une lutte unilatérale contre Israël, Anouar el-Sadate à son arrivée en 1970 après la mort de l'ancien président, va lui se focaliser sur la prospérité économique de son pays.
Or sous le giron soviétique un vrai développement économique reste difficile. L'idée de s'allier aux Américains, économiquement plus prospère, émerge alors dans l'esprit du président. Mais un problème se pose. Comment s'allier aux américains, tout en

---

[20] Anziska, S., n.d. *Preventing Palestine*. p.41.

recouvrant l'honneur perdu après la défaite de 67 face à Israël, leur alliée de longue date? Pour concilier le développement économique du pays et sa légitimité perdue, la guerre de Kippour a été pour Sadat un bon compromis.

o   Dans un contexte de guerre froide avec les soviétiques, les américains ont longtemps cherchés à accroître leur influence dans la région par le ralliement d'alliés puissant autre qu'Israël. Ainsi, en cas de défaite, il serait possible pour le président égyptien de passer un accord de paix avec les États-Unis, qui verrait dès lors d'un œil favorable, et quoi qu'il advienne, le fait que le plus puissant pays du Moyen-Orient à cette période passe sous leur giron.

- *Dilemme*

o   Il s'avère que le Sinaï initialement égyptien est toujours sous souraineté israélienne après une guerre de Kippour perdu. Que la paix américano-égyptienne passe ainsi par une paix israélo-égyptienne pour retrouver le Sinaï, la bonne entente avec l'État Israélien restant une condition *sine qua non* à tout accord avec les États-Unis, et que le président Jimmy Carter arrive au pouvoir en Janvier 1977, ce qui n'est pas sans conséquence.

o   Car Jimmy Carter a marqué un grand virage dans les relations israélo-américaine. Il a en effet été le premier président américain à considérer les Palestiniens non pas seulement comme des réfugiés, mais comme un peuple ayant des droits politique propre par l'emploi du mot « patrie » qui n'avait dès lors jamais été évoquée par un président Américain lorsqu'il concernait les palestiniens.

Dans le même temps, un autre virage politique majeur a aussi pris place en Israël, au même moment. Après 30 ans de gouvernance travailliste, c'est le nationaliste du Likoud Menahem Begin qui prend les rênes du pouvoir. Et ce dernier n'est, contrairement à son homologue américain, favorable en rien à l'établissement d'un état palestinien, une « *patrie palestinienne* » à part entière pour reprendre les mots de Carter.

o Le changement des présidents israélien et américain a par suite amené de grandes divergences de fonds qui n'ont pas rendu les choses simples pour le président Sadat, puisqu'un nouveau dilemme s'est posé. Comment concilier les intérêts des palestiniens, qui comptent sur le soutien d'un État qui a toujours été leur plus vigoureux défenseur, et les intérêts économiques et territoriaux de l'Égypte essentiel à sa prospérité ? On ne peut pas, et par conséquent on fait des sacrifices, tout en prétendant évidemment être en mesure de pouvoir faire les deux. La stratégie s'est profilée ainsi. En rendant visite à Menahem Begin en 77, Sadate a confirmé l'aide Américaine, et donc l'aide économique, et donc la reprise du Sinaï. Mais loin d'être dupe, et même en soutenant les palestiniens dans son discours, il s'est aussi mis à dos les états arabes.

o Il a ainsi voulu concilier ses intérêts et les intérêts des palestiniens en imposant aux israéliens une partie de la résolution 242 notamment, qui promet le retrait des forces israéliennes des territoires conquis en 67.

On arrive alors aux fameux accords de Camp David qui permettent de concrétiser les aboutissements de mois de négociations implicites, marqués par des hauts et des bas. Ou les différents acteurs en place ont pu comprendre les revendications et les logiques des deux partis tiers, tout en prévoyant aussi les aboutissements probables de l'accord prévu.

60. Pourquoi les accords de Camp David ont eu un impact prépondérant ? (Suite)

« Le président [Jimmy Carter] comprit les limites de la volonté de Begin de négocier au-delà de l'Égypte et la flexibilité de Sadate pour parvenir à une paix bilatérale aux dépens des palestiniens. »[21]

- **Les accords**

o Après des mois de revirements politiques et diplomatiques de toute part, le président Jimmy Carter finit par convier les présidents Égyptiens et israéliens à Camp David, du 5 au 17 Septembre 1978. Proche-Orient oblige, les deux parties s'entendent mal et les négociations s'avèrent difficile : on raconte par exemple que Sadat a failli partir lors des deux dernières heures après un litige avec Begin, avant d'être finalement rattrapé par Carter. Mais malgré les tensions évidentes, les trois présidents ont tout de même réussi à aboutir à la signature de deux accords séparés, qui marquent la fin d'un conflit vieux de trente-ans.

- *1) « Un cadre pour la conclusion d'un traité de paix entre l'Égypte et Israël »*

o Le premier accord aboutit à la signature d'un traité de paix en Mars 1979 entre Israël et l'Égypte. Sa première grande ligne reste la normalisation des relations israélo-égyptiennes, en échange du Sinaï tant convoité depuis 67. Il constitue un aboutissement majeur pour Israël qui

---

[21] Anziska, S., n.d. *Preventing Palestine*. p.161

voit dès lors l'acteur le plus influent de la région devenir inoffensif, et ce depuis maintenant 40 ans.

Le second élément majeur réside dans l'accord économique égypto-américain, qui permet à l'Égypte de bénéficier d'une aide américaine de 1.3 milliards par an, ininterrompue elle aussi jusqu'à aujourd'hui. Sadat, après son arrivé au pouvoir en 70 et la définition clair de sa ligne directrice, est parvenue à atteindre ces objectifs.

- *2) « Un cadre pour la Paix au Proche-Orient »*
o Mais si le premier accord a été favorable à l'Égypte, les impacts du second sont opposés.

Posons-nous la question suivante, l'Égypte n'avait-elle pas un rôle à tenir quant à la défense d'une autonomie politique du peuple palestinien ? La réalité, qui a coûté à Sadate sa vie, et à l'Égypte sa place au sein de la Ligue Arabe, c'est que l'Égypte a fait passer ses intérêts territoriaux et économiques au détriment des droit politiques du peuple palestinien. Tout comme les États-Unis ont fait passer leurs intérêts dans la région en premier plan, au dépit des promesses de Carter faites un an auparavant à ce même peuple.

o Le second accord a été dessiner de manière à ce que les interprétations de ce dernier restent nombreuses. Une sorte d'écran de fumée consentant.

L'accord tout d'abord ne mentionne pas l'OLP, cette dernière ayant été banni de toutes négociations par les américains depuis 1975. Alors qu'il parle d'un accord commun entre « Israël, l'Égypte, la Jordanie et les représentants du peuple palestinien » quant à la résolution du « problème palestinien dans tous ses aspects ». On insère aussi des nuances sémantiques en parlant de l'établissement d'une autonomie pour les réfugiés palestiniens, au détriment d'une autonomie des territoires où vivent les palestiniens – ce qui permet la continuation de l'expansion pour les israéliens. Qu'est-ce que le « problème palestinien » en terme politique ou territorial ? Quels en sont ces « aspects » ? Qui sont les représentants du peuple palestinien si l'OLP n'est pas mentionné ?

o Comme vous vous en doutez, aucun des partis n'arrive officiellement à s'entendre sur la réelle signification de ce 2ᵉ accord. Carter demande une autonomie complète et un arrêt des *settlements* (colonies/implantations). Tandis que Begin reste sur ses positions fixe d'une autonomie aux conditions bien défini, sans possibilité d'un état palestinien. Malgré des négociations qui dureront jusqu'en 82 (même si le résultat de celles-ci était sûrement connu par les différents acteurs dès la signature de l'accord), le second accord restera caduc. Il a ainsi permis aux israéliens de conserver leur autonomie sur les territoires conquis depuis 67, au détriment donc des promesses d'auto-détermination du peuple palestinien promise, que ce soit avec conviction ou non, par Carter et Sadate

   • *Les conséquences politiques (puis territoriale) pour l'Égypte*
o Les réponses des pays arabes et de l'OLP ne se font pas attendre. L'Égypte se voit bien sûr reprocher le fait de ne pas avoir assez défendu les droits des palestiniens et

d'avoir voulu discuter d'une paix avec Israël. Elle est par conséquent exclue de la ligue Arabe pendant 10 ans (1979-1989), et après une montée de tensions au sein du pays, Anouar el Sadate est assassiné le 6 Octobre 1981 par des membres du Jihad Islamique Égyptien. Hosni Mubarak, l'homme qui lui succède, décide tout de même de poursuivre la paix avec Israël, qui finit, comme cela était convenue dans l'accord, par restituer le Sinaï en 1982.

- • *Pourquoi ces accords sont-ils importants ?*
o Ces accords sont les premiers ayant établi une paix entre Israël et un état arabe, ce qui n'était pas gagné à première vue après les guerres de 67 et de 73. Souvent oubliés, ils ont aussi permis l'engagement d'un processus de paix certes, mais surtout d'un processus politique et idéologique dont les conséquences ont été plus qu'importante. En martelant une simple « autonomie » pour les palestiniens, le premier Ministre Menahem Begin a ancré les positions idéologiques israélienne dans les esprits, ce qui n'a pas permis l'avancée de vraies négociations dans les processus de paix qui ont suivi celui-ci, à savoir ceux de Madrid ou d'Oslo par exemple.

o Ces accords sont donc très intéressant puisqu'ils permettent de voir pourquoi ce conflit reste éminemment politique. Rappelons-le, l'OLP n'a pas participé aux négociations de quelque manière que ce soit, et ce malgré sa reconnaissance unilatérale en tant que représentante légitime du peuple palestinien en 1974 par les états arabes, mais aussi et surtout, par l'ONU. Les relations diplomatiques et plus largement politiques entre les États occupent donc une place prépondérante qui n'a cessé d'influer sur le cours des choses.

o Les accords marquent aussi la fin d'une ère, à savoir celle d'un conflit israélo-arabe qui a fait rage pendant trente ans, entre Israël, et son ennemi réputé autrefois comme étant le plus féroce, à savoir l'Égypte, qui 40 ans après demeure en paix avec son voisin.

Même si il est tenté de remarquer que l'histoire ne manque pas d'ironie, car après avoir été aux côtés d'Israël pendant plus de 20 ans à contre-courant des états-arabes, l'Iran va devenir après la révolution de 1979 son plus ferme opposant.

61. Quels enjeux démographiques pour les palestiniens et les arabes israéliens ?

- *Cisjordanie : Croissance progressive*
o Après la guerre des Six-Jours, le nombre de palestiniens au sein du territoire baisse sensiblement. La prise en charge du territoire par les israéliens permet toutefois d'améliorer les conditions de vie dans leur globalité, entraînant une recrudescence de la fécondité. C'est ainsi qu'entre 1970 et 2015, la population cisjordanienne passe de 700 000 à 2 millions d'individus.

L'accroissement naturel était en 2000 de 3,2% par an (deux fois celui d'Israël), et est aujourd'hui en 2020 à la hauteur de 2,2% par an, avec un taux de fécondité de 4.5 enfants/femmes.

- *Gaza :Croissance exponentiel*
o Entre 1950 et 2000, la population est passé de 250 000 à un million d'habitants. Chaque enfant palestinien étant considéré comme un réfugié, il est pris en charge par l'UNRWA (organisme de l'ONU chargé des réfugiés palestiniens). L'accroissement naturel à Gaza a donc été parfois de 4.6% par an depuis 2000, de 2.9% en 2020, avec plus de 6,6 enfants par femme. Plus de 40% des gazaouis ont ainsi moins de 14 ans, plus de 70% ont moins de 30 ans. Au vu des conditions de vis qui se dégradent au fil des années et de l'explosion démographique qui prend place dans cette bande de terre de 365km^2, des estimations réalisés avant la crise du coronavirus prévoient que le territoire risque d'être inhabitable à l'horizon 2020-2021.

- *La démographie des arabes israéliens*

o Parmi les arabes israéliens, nous distinguons les druzes, les bédouins musulmans, les chrétiens et les arabes musulmans. Les trois premiers de cette liste atteignent des indices de fécondité allant de 1 à 2 enfants par femme (chiffre de 2017) et ne font pas débat en Israël en raison de leur vote pour des partis israéliens sioniste.

o Toutefois, la question du rapport entre juifs et musulmans israéliens au regard de la démographie de ces derniers s'est depuis longtemps introduite dans les esprits. En effet, constituant à ce jour 16% de la population israélienne, l'indice de fécondité au sein de la population musulmane atteint les 3.3 enfants par femme en 2017, avec une population en moyenne plus jeune de 12 ans. Mais contrairement aux chrétiens ou aux druzes, les musulmans israéliens, par rapport bien sûr à l'histoire et donc à l'objection de conscience, se revendiquent pour la plupart comme des « palestiniens d'Israël » et votent majoritairement pour des partis antisioniste.

Loin d'être intégré à la société et au regard de leur démographie, leur poids politique n'est donc pas mince même si leur pouvoir reste largement limité.

62. Pourquoi le Plan Reagan en 1982 n'aboutit pas ?

- *Remise en contexte :*

o Quand le président Américain Ronald Reagan arrive en 1981, ses objectifs sont largement différents de ceux de son prédécesseur. Conservateur républicain affirmé, Reagan place en priorité la lutte contre l'impérialisme soviétique, et décide de rentrer une nouvelle fois dans une logique avoué de Guerre Froide, par la mise en place de la « doctrine Reagan » après l'invasion de l'Afghanistan par l'URSS en 79.

o Le but des États-Unis au Moyen-Orient est alors simple : il faut faire contrepoids avec l'influence grandissante du communisme, et renforcer les intérêts stratégiques du pays. Cela passe notamment par un renforcement de l'alliance avec Israël, qui apparaît dès lors comme un bastion anti-communiste. Face à une OLP « *aux mains des soviétiques* », et en voie de concrétiser son alliance politique par l'établissement d'une ambassade – qui ne sera finalement pas construite – à Moscou.

o Après l'opération israélienne Paix en Galilée en 1982 et ces imprévues, les relations entre le gouvernement de Begin et de Reagan se tendent largement. Begin est en proie à une rupture avec les américains, et sanctionne pour cela le ministre de la défense Ariel Sharon en charge des opérations. Les relations israélo-américaine étant affaibli pour un temps, Reagan voit dès lors le moyen de proposer un plan de paix, l'objectif étant de régler le conflit qui sous-tend le conflit israélo-arabe, à savoir le conflit israélo-palestinien, afin de permettre une paix pérenne au Moyen-Orient.

- *Le plan*

o Dans la continuité des négociations inabouties du second accord-cadre de Camp David I, le Plan Reagan proposé le 1er Septembre 1982 vise à construire un gouvernement palestinien lié à la Jordanie en Cisjordanie, et dans la Bande de Gaza. Cela reviendrait ainsi à une autonomie des palestiniens qui pourrait exercer leur droit politique et s'assurer de la sécurité des territoires qu'ils occupent, sans pour autant avoir accès à un État à part entière.

Au sujet des implantations/colonies en Cisjordanie et à Gaza, le président américain contrairement aux positions prises quelques mois auparavant affirme que les américains rejettent catégoriquement l'expansion territoriale israélienne au sein des territoires occupés, et propose une période de transition pouvant permettre des négociations avec l'OLP.

- *Pourquoi ne sera-t-il pas appliqué ?*

o Comme vous pouvez vous en douter, les deux partis ne sont pas d'accord sur les intérêts qu'ils peuvent tirer du Plan et le rejettent. Alors que les accords de Camp David I évoquaient une présence israélienne dans les territoires cisjordaniens, pour la sécurité de l'état israélien, le plan Reagan n'évoque pas cette nuance concernant la sécurité interne. Begin envoie alors une lettre à Reagan pour lui rappeler la position ferme tenu depuis son arrivée au pouvoir en 77, et les positions récemment prise par Reagan n'apparaissent pas être en mesure de modifier les mentalités. Du côté palestinien, il faut se rappeler que la Jordanie a tant bien que mal essayé de garder son influence en Cisjordanie pour contrer l'influence de l'OLP, mais que cela a finalement échoué au profit de l'organisation palestinienne. D'autant que le Roi Hussein renoue à ce moment-là des liens avec l'Égypte, et transgresse par conséquent les sanctions imputées par la Ligue Arabe et l'OLP. Donc l'alliance entre un potentiel gouvernement palestinien et l'état jordanien reste bel et bien infaisable.

63. Quel était le but des opérations *Moïse* et *Salomon* ?

- *Remise en contexte :*

o En 1948, les juifs éthiopiens actuels ne sont pas considérés comme juifs à part entière.

Au début des années 1960, des débats ont lieu entre représentants Ashkénazes et Séfarades quant au fait que les éthiopiens qui se revendiquent comme juif, le soient vraiment. En 1975, le grand Rabbinat reconnaît finalement cette appartenance au peuple juif en leur accordant ainsi le droit au retour.

Entre 1977 et 1984, 8000 juifs éthiopiens arrivent alors en Israël, mais la fermeture des frontières éthiopiennes en 1984 arrête la dynamique et empêche les rapatriements futurs.

C'est ainsi que les opérations secrètes *Moïse* et *Salomon* ont eu pour but de ramener les juifs éthiopiens restés en Éthiopie.

- *Opération Moïse (1984)*

o Après une coopération entre les services secrets israélo-américain et les autorités soudanaises, les juifs éthiopiens se regroupent à la frontière puis traversent le Soudan à pied. Mais l'opération échoue. 4000 éthiopiens meurent pendant l'opération, et 1000 restent bloqués en Éthiopie après une pression des pays Arabes, mis au courant à la dernière minute de la manoeuvre israélienne.

- *Opération Salomon*

o Après l'échec du premier rapatriement, l'opération Salomon est décidé 7 ans plus tard. Elle vise à ramener les juifs éthiopiens restés en Éthiopie à l'issue de l'Opération Moïse. En 1991, le changement de régime en Éthiopie permet à Israël de négocier le retour des réfugiés contre 40 millions de dollars. Le 19 Mai, en 36 heures, 16000 éthiopiens arrivent donc d'un coup en Israël. Ils représentent alors un symbole de l'histoire et de la souffrance juive pour les israéliens et bénéficient d'un accueil glorieux.

- *Une situation actuelle controversée*

o Ces juifs sont de nos jours défavorisés. Ils sont considérés comme juifs si leur mère est juive et non pas uniquement un de leur grands-parents. Tandis que les chiffres font état de 18% de taux chômage contre 5.6% en moyenne dans la population israélienne, avec 52% des familles qui vivent sous le seuil de pauvreté. Nous sommes donc loin de l'accueil dont ils ont bénéficiés à leur arrivée, et la situation des éthiopiens ne manque pas de créer la controverse au sein de la société israélienne.

64. Pourquoi les Russes israéliens constituent-ils une minorité influente ?

« Si les Russes n'entendent pas rompre avec leur culture d'origine, c'est parce qu'ils en apprécient la richesse. C'est aussi parce qu'ils la jugent supérieure à celle de leur pays d'accueil. »[22]

- *À l'origine*

o Avec les pogroms de la fin du 19ᵉ siècle, les premiers juifs ayant émigré massivement étaient russes. De nombreuses personnalités politiques tels que Golda Meir ou David Ben Gourion sont d'ailleurs issues de la seconde Alyah, même si l'influence de la population russe telle qu'on la connaît aujourd'hui remonte à la fin du 20ᵉ siècle.

o Après la chute de l'empire soviétique et du Mur de Berlin en 1989, l'Alyah la plus importante de l'histoire d'Israël prend place. En l'espace de trois ans seulement, 400 000 juifs Russes quittent l'URSS, sur en tout plus d'1 million entre 1989 et 1998. Israël se voit ainsi accueillir ¾ de la population immigrante, à savoir plus de 750000 personnes. Cette immigration ne s'est toutefois pas faite dans la paix. En mettant en place la politique du panier d'intégration – on donne un pécule la 1ᵉ année et on le réduit la 2ᵉ pour que vous preniez des initiatives personnelles, la hausse d'impôt soudaine

---

[22] Anne de Tinguy, dans « Les Russes d'Israël, une minorité très influente », *Les études du Ceri*, n° 48, 1998, p.

du gouvernement déplait aux travailleurs israéliens, qui décident de faire grève en Décembre 1990.

Les tensions s'apaisent, la paix revient progressivement, et à l'heure d'aujourd'hui (2021), 1 israéliens sur 8 est d'origine Russe, ce qui en fait la communauté Juive la plus importante du pays.

- *Communautarisme et savoir professionnel*

o La communauté russophone en Israël se distingue largement du reste de la population. Elle s'agrège autour d'une histoire, d'une langue, qui est commune, et réside dans les mêmes quartiers. Venant de l'ex-URSS, la plupart se sont éloignés de la religion, d'autant que la Loi du retour – applicable à ceux ayant seulement un grand parent juif – a permis la venue de non-juifs (ils sont un peu plus de 300 000 aujourd'hui à ne pas être juif), ce qui n'a pas renforcé une proximité avec la religion. Certains, consommateurs de porc notamment, ont en effet eu du mal à leur début avec les règles imposés par l'État Hébreu.

o Si l'on s'écarte maintenant de la religion et que l'on s'intéresse à leurs compétences professionnelles, les russes israéliens sont connus pour avoir amené un savoir technologique qu'Israël n'avait pas avant leur arrivés. Parmi les 750 000 migrants, la plupart ont fait de longues études supérieures. On compte ainsi près de 36 000 enseignants, 18 000 infirmières, 16000 médecins et dentistes, ainsi que 78 000 ingénieurs à leur arrivée dans les années 1990. En 1999, il y avait en Israël 145 ingénieurs pour 10 000 habitants, pour un rapport de 85 pour 10 000 aux États-Unis la même année. Le niveau d'éducation est encore aujourd'hui assez élevés, et les russes sont en parties responsables de l'avancée technologique israélienne en étant par exemple directement lié à la réussite du programme de satellites israéliens Tekhsat.

- *Impact politique*

o Les russes israéliens ont un impact politique prépondérant grâce à leur poids démographiques. Ils représentent en effet 12% des électeurs éligibles en Israël, soit 15 à 16 sièges à la Knesset.

Pour ce qui est de leur orientation politique, il faut dire que les russes sont majoritairement de droite. Les deux parties chargées de les représenter aujourd'hui sont soit le Likoud, parti de Benyamin Netanyahou ; soit Israel Beitenou, dirigé par Advigor lieberman. Ils incarnent ainsi une ligne dure face à l'Autorité palestinienne, en étant pour la continuation de la politique d'expansion territoriale actuelle. Dans le cadre de l'établissement d'un état palestinien, les quartiers faisant parti du « Triangle » (localités arabes) notamment serait rattaché à un état palestinien, tandis que les territoires sous autorité israélienne en Cisjordanie seraient rattachés à Israël.

65. Que représentent les « implantations » ou « colonies » en Cisjordanie et à Gaza ?

- *Le langage compte*

o   Particulièrement dans ce conflit, le choix des mots a une importance crucial et il n'est pas rare qu'un seul mot puisse représenter aux yeux de nombre de personnes une prise de position avouée vis-à-vis du sujet, et donc un manque d'impartialité. Évidemment, nombre d'historiens peuvent utiliser l'un ou l'autre sans pour autant être manichéiste, ni prendre une position concrète. Mais il faut bien comprendre que les représentations dépassent bien souvent le sens originel.

Au sein des langages officielles, le mot « *implantation* » est employé par le gouvernement israélien qui légitime cette politique expansionniste ; le territoire israélien s'étend petit à petit sur la Cisjordanie.

Tandis que le terme « *colonie* » est utilisé par les détracteurs de cette politique qui pensent que cette annexion explicite - tout en étant parfois implicite, cf. la barrière de sécurité- renvoie à de la colonisation et ne peut être légitime. La résolution 2334 de l'ONU qui condamne cette politique emploie l'expression « colonies de peuplements » pour désigner ces transferts de populations.

- *Remise en contexte*

o   Pour rappel, on ne parle d'implantations ou de colonies qu'à partir de 1967 lorsque Israël voit son autorité s'étendre sur la Cisjordanie, la Bande de Gaza, le Sinaï, Jérusalem-Est et le Golan, conquis à l'issue de la guerre des Six Jours. Contrairement aux idées reçues, entre

1967 et 2005, deux gouvernements de droite ordonneront l'évacuation de ces colonies/implantations tandis que les gouvernements travaillistes demeurent les premiers à avoir mis en place cette politique d'expansion.

- *À l'origine*

o Le premier ministre israélien Yigal Allon, membre du Parti Travailliste, marque le début de cette politique d'expansion par le *Plan Allon* en 67 (après la guerre des Six Jours) puis vise à l'établissement, puis la future annexion de 25 localités Juives situés le long du Jourdain, dans la Bande de Gaza, au sein du Golan, et le point de Rafah (aujourd'hui administré par les égyptiens). Les origines de cette expansion ne sont toutefois pas intrinsèquement politiques ou idéologique comme elles le seront plus tard, mais largement sécuritaire en vue de protéger le territoire face à une potentielle attaque des pays arabes voisins, après la guerre des Six Jours.

o Après 30 ans de gouvernement travailliste et socialiste, les élections législatives de 1977 amènent pour la première fois au pouvoir le Likoud nationaliste de Menahem Begin, qui change la donne et marque une profonde césure avec le gouvernement précédent de Yitzhak Rabin (74-77).

o Par le constat de la présence de 4000 israéliens vivant en territoire occupé à moment-là, Ariel Sharon, ministre de l'agriculture, propose un plan pour développer les colonies/implantations autour de Jérusalem-Est et de la

Cisjordanie. Étant un partie de droite issue à l'origine du partie révisionniste de Vladimir Jabotinsky, sa ligne est plus dure et plus idéologique. Le gouvernement Begin/Sharon n'hésite donc pas à revendiquer les causes idéologiques de cet expansion, en proclamant que les territoires appartiennent au peuple juif.

- *80's*

o Après le gouvernement travailliste de Shimon Perez qui succède celui de Begin pendant deux ans (84-86), c'est le gouvernement likoudien de Yitzhak Shamir qui arrive au pouvoir pour 7 ans (86-92). Entre 1985 et 1990, 14 nouvelles implantations/colonies sont construites et le nombre d'israéliens vivant en Cisjordanie passe alors de 46 000 à 81 600. La dynamique s'arrête toutefois progressivement à l'aube des années 90. L'URSS est tombé après la chute du Mur de Berlin en 89, et il devient nécessaire pour le gouvernement en place d'intégrer les centaines de milliers d'immigrés russe récemment arrivés.

- *De gauche ou de droite*

o Malgré les accords d'Oslo, les gouvernements successifs de Rabin puis de Netanyahou décident de poursuive la politique du *Goush Emounim*. Le nombre d'israélien vivant en Cisjordanie passe alors de 112 000 à 190 000 entre 1992 et 1999.

Après l'échec successif des accords d'Oslo en 1993 et des accords de Camp David II en 2000, la seconde Intifada éclate. L'expansion prend ainsi une nouvelle forme de par le mur/barrière de séparation/sécurité qui se construit en marge des combats, et permet d'inclure des territoires cisjordaniens qui n'était pas acquis avant, ou de concrétiser l'inclusion de colonies/implantations déjà en place (cf. carte). C'est donc une annexion implicite des territoires.

o   La seconde s'intifada baisse en intensité et un tournant s'opère lorsque Arafat meurt en 2004, car hostile à toute négociation avec les israéliens sa mort permet à Ariel Sharon (devenue premier ministre en 2001) d'entamer des négociations officielles avec son successeur, à savoir Mahmoud Abbas, qu'il avait déjà rencontré en 2003 sous l'initiative de Georges Bush. Du 15 Août au 11 Septembre 2005, des négociations pour mettre fin officiellement à la 2nde Intifada se tiennent ainsi et permettent la mise en place du *plan Sharon.* Tous les juifs qui étaient présents dans la Bande de Gaza doivent dès à présent partir (et partiront).

o   Après avoir succédé à Ariel Sharon, Ehud Olmert suggère en 2008 de se retirer de plus de 90% de la Cisjordanie pour permettre la création d'un état palestinien, mais les discussions n'aboutissent pas. Cette politique d'expansion refait parler d'elle lorsqu'en 2009 Barack Obama met la pression sur Netanyahou (devenue premier ministre en 2009), qui est contraint pour une période de 10 mois d'arrêter cette politique. L'action s'inscrit évidemment dans un plan plus large qui a pour objectif l'établissement d'une paix entre les deux peuples – ce qui n'est possible que par le règlement de cette question. Mais les négociations n'aboutissent pas et la politique expansionniste continue.

- *Aujourd'hui*
o Après l'échec de la pression du gouvernement Obama, Netanyahu a intensifié sa politique depuis 2010 et c'est aujourd'hui (2020) près de 440 000 Israéliens qui vivent en Cisjordanie.

Cette politique entraîne bien sur un conflit avec Mahmoud Abbas qui reproche à Israël l'échec des processus de paix et refuse toute discussion tant que cette politique mise en place par le Likoud est menée.

La réélection probable de Netanyahu aux prochaines élections après l'escalade de tensions ne promet pas un arrêt de cette politique.

o Le statut des colonies/implantations israéliennes reste l'une des questions de fonds qui a souvent fait échouer les accords de paix entre les deux parties, et demeure ainsi l'une des raisons expliquant le statut quo actuel.

De quoi est porteur le poids des mots?
En quoi la violation du droit international est-elle représentative de l'impuissance onusienne ?
Quel lien peut-on établir entre les appartenances territoriales, identitaires, et religieuses ?

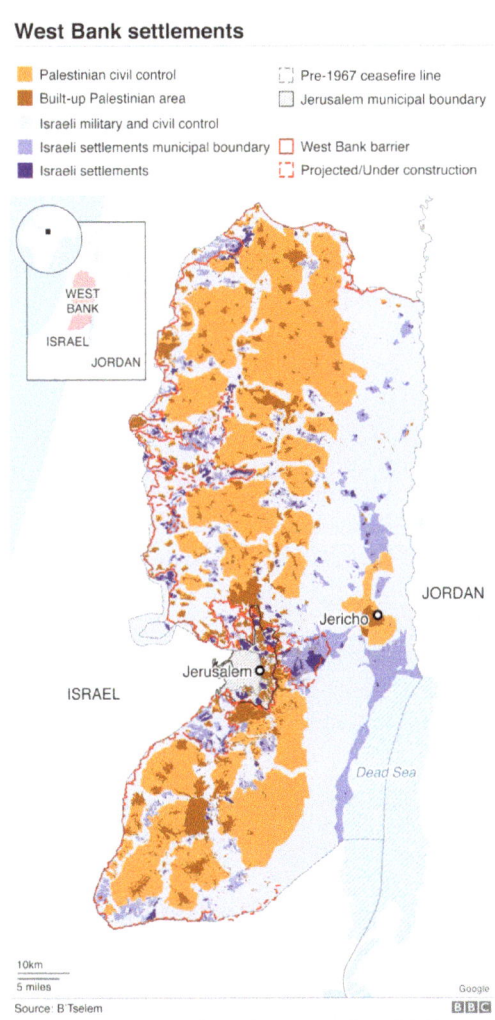

West Bank settlements

Legend:
- Palestinian civil control
- Built-up Palestinian area
- Israeli military and civil control
- Israeli settlements municipal boundary
- Israeli settlements
- Pre-1967 ceasefire line
- Jerusalem municipal boundary
- West Bank barrier
- Projected/Under construction

WEST BANK

ISRAEL

JORDAN

JORDAN

Jericho

Jerusalem

ISRAEL

Dead Sea

10km

5 miles

Source: B'Tselem

Google

BBC

Note : La carte date de Novembre 2019.

66. Jérusalem, Tel-Aviv, quelle est la capitale d'Israël ?

- *Petit historique*

o À l'issue du plan de partage de 1947 - résolution 181 - la ville vise à devenir une zone sous administration internationale. Mais le 5 Décembre 1949, Ben Gourion y installe la Knesset (parlement israélien) et donc le gouvernement. Puis Jérusalem est séparée par la Ligne Verte - créée à la suite de la convention d'Armistice de 1949- : L'Est appartient aux jordaniens alors que l'Ouest est administré par les israéliens. Une situation qui dure jusqu'à la guerre des Six Jours en 1967, date à laquelle Jérusalem est « *réunifiée* » par les israéliens. En 1980, la loi fondamentale israélienne déclare « Jérusalem, entière et unifiée, capitale d'Israël ». Mais l'ONU conteste fermement cela et interdit donc aux États membres d'installer leur ambassade dans la ville.

- *Officiellement*

o Jérusalem n'est donc pas reconnue comme étant la capitale d'Israël par l'ONU. En effet, approuver la loi fondamentale israélienne en 1980 conduirait à l'obstruction totale d'un processus de paix, puisque selon le camp palestinien c'est justement la ville sainte de Jérusalem qui devrait être partagée en deux à l'issue d'un potentiel accord de paix.

D'où la polémique le 6 décembre 2017, quand Le transfert de l'ambassade des États-Unis de Tel-Aviv à Jérusalem est officialisé. En effet, cela signifie implicitement reconnaître la souveraineté d'Israël sur le territoire, met de côté les revendications palestiniennes, et va ouvertement contre les restrictions de l'ONU proclamées depuis 50 ans.

- *Officieusement*

o Ce n'est toutefois qu'une question de politique et de diplomatie, car Jérusalem demeure sur le terrain, sous autorité israélienne. Cette réalité physique ne changera surement pas puisqu'il faut maintenant – sauf si un accord validé par les deux parties est approuvé - 80 sièges sur 120 à la Knesset pour céder une partie du territoire de la ville sainte. Ce qui n'est pas le cas pour les colonies/implantations israéliennes situées en Cisjordanie. Le statut de Jérusalem bénéficie en effet d'une approbation beaucoup plus large dans la société israélienne, en comparaison aux colonies/implantations de Cisjordanie qui renvoient à des représentations bien diverses.

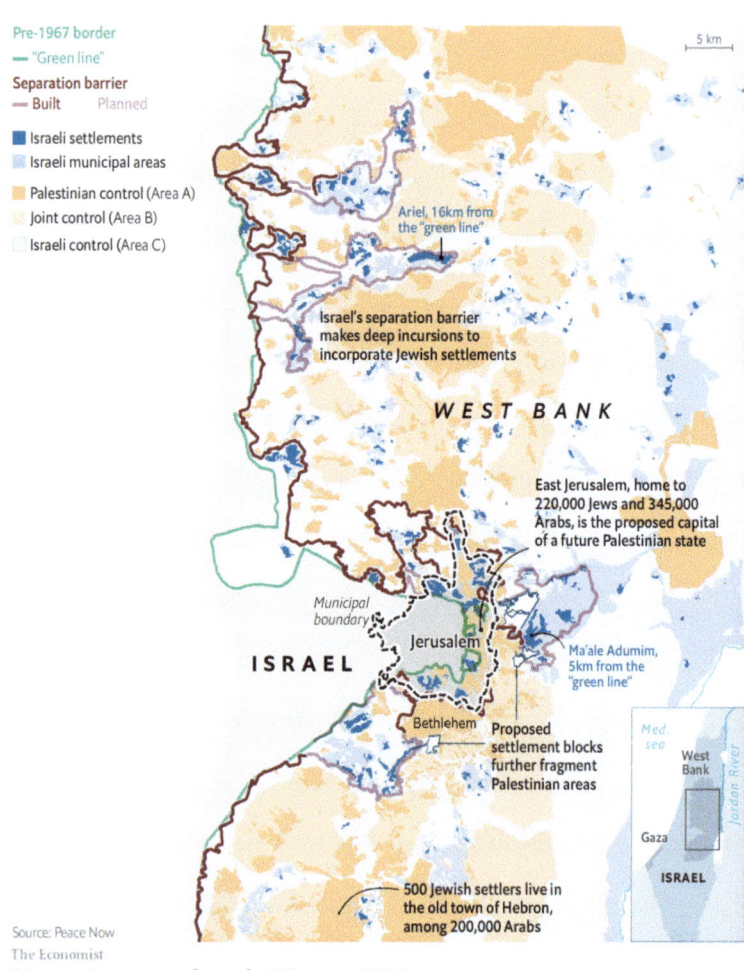

Pre-1967 border
— "Green line"

Separation barrier
— Built   Planned

Israeli settlements
Israeli municipal areas
Palestinian control (Area A)
Joint control (Area B)
Israeli control (Area C)

Ariel, 16km from the "green line"

Israel's separation barrier makes deep incursions to incorporate Jewish settlements

WEST BANK

East Jerusalem, home to 220,000 Jews and 345,000 Arabs, is the proposed capital of a future Palestinian state

Municipal boundary

Jerusalem

Ma'ale Adumim, 5km from the "green line"

ISRAEL

Bethlehem

Proposed settlement blocks further fragment Palestinian areas

500 Jewish settlers live in the old town of Hebron, among 200,000 Arabs

Med. sea

West Bank

Jordan River

Gaza

ISRAEL

Source: Peace Now
The Economist

Note : La carte date de Février 2019.

230

67. Que représentent les « implantations » ou « colonies » à Jérusalem-Est ?

- *À l'origine*

o Jérusalem est depuis la guerre des Six Jours en 1967 sous-autorité israélienne.

Plusieurs quartiers sont édifiés dans des espaces situés à côté des villages palestiniens. Et plusieurs annexions sont faites dans les limites administratives de la ville, même si elles ne sont pour l'instant pas propices à l'habitation (centres industriels). Parmi les plus connus, on retrouve Maale Adumin à l'Est, parti notamment revendiqué par les palestiniens.

o En 1980, Jérusalem est proclamée capitale « *une et indivisible* » d'Israël ce qui modifie la dynamique de la ville. Le gouvernement israélien adopte alors une politique de peuplement, pour rendre irréversible la présence juive dans les nouvelles parties annexées de Jérusalem et donc notamment à Jérusalem Est. Une politique qui ne fluctue pas en fonction des gouvernements successifs, contrairement aux annexions Cisjordanie.

- *Aujourd'hui*

o Les parties de Jérusalem-Est annexées par Israël restent toutefois habitées par des arabes israéliens. En 2014, ce sont 300 000 arabes pour 250 000 juifs qui y vivent. Les quartiers sont donc à la fois très proche les uns des autres, mais restent homogènes

Ces annexions ont un impact dans le processus de paix qui permettrait deux états, car la solution à deux états devrait selon les palestiniens aboutir à une souveraineté de l'État de Palestine sur Jérusalem-Est, qui deviendrait ainsi la capitale de l'état reconnu. Cela va donc à contresens des actions du gouvernement israélien, qui modifient progressivement les réalités de terrain.

68. Nationalisme Arabe, nationalisme palestinien : quelles différences ?

- *Présentation*

o Le nationalisme palestinien renvoie à la volonté du peuple palestinien de construire un état indépendant et normalisé. Il remonte à l'exode palestinien de 47-48, et s'est ainsi créé au sein des camps de réfugiés présents au sein des états arabes. Le nationalisme arabe est plus ancien et renvoie initialement à la volonté des Arabes issus de l'Empire Ottoman de construire une seule et unique nation arabe indépendante sur les territoires du Proche et Moyen-Orient.

- *D'où vient le nationalisme Arabe ?*

o La fabrication d'un « mouvement national Arabe » apparaît avec l'éveil des nationalités de la fin du 19e qui mène en partie à la fragilisation de l'Empire Ottoman. La Bosnie passe sous le giron austro-hongrois en 1878, tandis que la Bulgarie et La Serbie acquièrent leur indépendance la même année. C'est la période du « *Late Empire* ». Les Arabes deviennent ainsi moins fidèles au Royaume et trois évènements, qui se succèdent dans les années 1915-1916, mettent un terme à la fidélité au régime ottoman. Dans un premier temps, le génocide arménien qui renvoie aux atrocités que l'on connaît. Dans un second, la famine au Liban qui commence en 1915 et qui fera en 3 ans entre 100 000 et 300 000 morts. Finalement une vague de pendaisons en place publique initiée par le régime ottoman pour faire disparaître les opposants politiques.

o La volonté des arabes palestiniens est donc d'autant plus renforcée et se suit par les lettres échangées dès la fin 1915 entre les britanniques et le représentant des musulmans de l'Empire, le Roi Hussein. Pour rappel, cet échange épistolaire démarré par les britanniques à un but simple : concrétiser formellement le désire d'une nation Arabe unifiée. Un désir qui s'inscrit dans un mouvement plus vaste, incarné d'ailleurs plus tard par Nasser, le panarabisme.

o Toutefois, quid des promesses faites durant la guerre, les différents mandats attribués par la SDN à partir de 1920 séparent ces différents états arabes qui devaient au départ n'être qu'un. Et donc bien qu'ils aient toujours eu la volonté de constituer une grande nation, chaque État est ainsi devenu mécaniquement indépendant des autres. S'est donc créé un nouveau nationalisme arabe qui n'a pas disparu certes, mais auquel se sont greffés les nationalismes et les intérêts des différents pays, . On pourrait ainsi dire que la volonté d'un État Arabe Unifié s'est transformée en une *unification des états Arabes* qui permet une indépendance propre à chacun.

• *Et le nationalisme palestinien dans tout ça ?*
o Utilisé comme outil politique par la plupart des pays arabes de la région, le nationalisme palestinien a toujours été à l'ombre des différents nationalismes et n'a pas pu à ses débuts s'inscrire à l'échelle internationale. Il s'est créé à partir de l'exode de 1948 qui aboutit à l'installation des différents camps de réfugiés au sein des pays arabes. Puis fut renforcé à partir des années 60-70 avec l'apparition du Fatah qui en conflit avec l'OLP

de Nasser, a voulu être indépendant de toute emprise étatique [Q.48,Q.49]. Après de nombreux événements, il s'est finalement renforcé lors de la première Intifada qui s'est développée à contre-courant de toute emprise étatique ou organisationnelle (question suivante).

- *Finalement*

o Le nationalisme palestinien est devenu aujourd'hui indépendant de la même manière que celui des autres nations arabes. Il est aujourd'hui une partie intégrante de la ligue Arabe, et donc d'une sorte de Nation Arabe unifiée. Mais tout cela doit être mis en perspective car la Ligue Arabe est depuis plusieurs années maintenant en proie à une crise marquée, notamment au regard de l'unité de globale des états, qui généralement n'arrivent pas à se mettre d'accord sur des positions communes.

Nous y reviendrons plus tard, mais pour donner un ordre d'idée, 16 des 22 États composant la Ligue Arabe sont aujourd'hui des alliés de Washington.

69. Qu'est-ce que la première Intifada / *La Guerre des pierres* ?

• *Remise en contexte*

o Après une reconnaissance politique et médiatique de la cause palestinienne permise par l'opération *Paix en Galilée,* la lutte armée menée par les Palestiniens issus des pays Arabes s'étiole après la disparition de l'OLP du Liban [Q.58]. Tout comme le virage politique entamé à partir des années 70, les stratégies d'Arafat ne semblent pas avoir produit d'effet concret sur la vie des réfugiés. Les tensions entre Israéliens et Palestiniens s'accumulent ainsi graduellement au sein des territoires occupés par Israël depuis 1967, et c'est ainsi qu'en Décembre 1987, dans un contexte de fortes tensions, éclate dans les camps de réfugiés de la bande de Gaza et de Cisjordanie une période de 6 ans opposant palestiniens et israéliens. C'est la première Intifada.

• *Action/Répression*

o La lutte n'est prévue préalablement par aucune organisation palestinienne; les initiatives, majoritairement non-violente – désobéissance civile, manifestations – se créent donc à l'échelle locale. L'ampleur de la révolte est énorme et parvient à surprendre pour la première fois la société israélienne, qui ne fait pourtant face qu'à une partie seulement des réfugiés, utilisant pour la plupart des bars de fer ou des pierres. Non-armés, ces réfugiés confrontent toutefois des militaires israéliens qui finissent par tirer parfois à balle réelle ; « *il faut leur [les manife-stants] briser les os* » déclarât Yitzhak Rabin, 1er ministre 4 ans plus tard.

- *Pourquoi cette intifada est-elle un symbole pour les palestiniens ?*

o La première Intifada est la première lutte menée depuis l'intérieur et non depuis l'étranger. L'initiative part directement des palestiniens issue des camps de réfugiés de Gaza et de Cisjordanie, et non de quelconques organisations ou autres pays arabes, accusé d'ailleurs d'avoir abandonnée la cause. C'est donc un symbole fort ; car après des années de calculs politiques et de gains médiatiques inconséquents permis par les palestiniens de l'extérieur, cette révolte constitue une marque d'unité certaine au sein d'un peuple palestinien nouveau. Puisque cela permettra cette fois-ci, grâce aux remontées médiatiques, de faire véritablement avancer les choses.

- *Quelles conséquences à cet Intifada ?*

1. Avec en tête l'opération Septembre Noir de Septembre 70, et au regard de la perte de la bataille d'influence avec l'OLP, le Roi Jordanien rompt tout lien avec la Cisjordanie en 1988 par peur d'une résurgence d'un nationalisme palestinien incontrôlable.
2. L'Intifada fait comprendre aux israéliens, aux américains, et plus largement à la communauté internationale, que le statu quo qui s'était instauré depuis les accords de Camp David I en 1978, ne peut plus durer.
3. Après la résurgence d'un islamisme venue d'Iran et l'invasion de l'Afghanistan, la révolte fait émerger des

organisations extrémistes tel que le Hamas, qui mêle pour la première fois aux revendications nationalitaire l'aspect politico-religieux.

4. Paradoxe. Même si le gain à l'international est énorme, le sentiment est double pour les palestiniens car ni une intégration à la société israélienne ni une indépendance propre n'a été acquise à court terme.

Résume de la période : 1991 – Aujourd'hui

Amorcée par les déclarations de paix déclarée par Yasser Arafat lors de conférence d'Alger de 1988, la conférence de Madrid qui se tient en 1991 réunit pour la première fois palestiniens et israéliens. Elle se tient sous médiation américaine et permet en partie de déboucher sur ces fameux accords historiques en 1993, les **accords d'Oslo**. Les dirigeants des deux camps, à savoir le premier ministre travailliste israélien Yitzhak Rabin, et le président de l'OLP, Yasser Arafat, se reconnaissent officiellement et se rencontrent aux États-Unis sous l'égide de Bill Clinton le 13 Septembre.

Le but final des accords est simple : aboutir à une paix par un chemin qui viserait à régler les questions de forme dans un premier temps, les questions de fonds dans un second. Ils permettent notamment la création d'une nouvelle entité palestinienne en 1994: l'Autorité Palestinienne, qui devient la représentante officielle du peuple palestinien. Puis aboutissent à la cession partielle de la Cisjordanie et de la Bande de Gaza dominées par les israéliens depuis 1967. La flamme de l'espoir se rallume alors dans les cœurs, mais plus pour très longtemps.

Ces fameux accords d'Oslo ne sont en effet pas pérennes à cause de la montée des extrêmes au sein des deux camps, et donc des conséquences engendrées par cette montée, à savoir les morts causés par les attentats terroriste.

Le Hamas, depuis sa création en 1987, a vu son influence sur le peuple palestinien croître graduellement. Il est l'auteur de multiples attentats au sein des grandes villes d'Israël comme Tel-Aviv, faisant émerger traumatisme et peur au sein de l'État Hébreu. Dans le camp israélien, l'attentat de Baruch Goldstein dans une mosquée à Hébron marque aussi les palestiniens, et symbolisera la présence d'extrémiste juif.

De cette montée des extrêmes, s'ensuit l'arrivée au pouvoir du Likoud de Benyamin Netanyahou en 1996. Favorable à l'établissement de nouveaux transferts de populations en Cisjordanie et à Gaza, les relations se retrouvent détériorées avec l'Autorité Palestinienne, tandis qu'Arafat ne paraît plus être un interlocuteur fiable en libérant les palestiniens terroristes incarcérés en Cisjordanie. Les horizons et les espoirs qui avaient découlé d'Oslo semblent alors bien loin, car seule une autonomie transitoire, toujours en vigueur aujourd'hui, a finalement abouti de ces accords porteur d'espoir.

C'est donc pour régler les questions de fond restées sans réponse lors des accords d'Oslo I que le président Bill Clinton décide de réunir à nouveau, en Juillet 2000, à Camp David, les représentants des deux camps. Ce sont les négociations de Camp David II.

Malgré les propositions faites, la méfiance est omniprésente entre les représentants palestiniens et israéliens, ce qui solde les négociations par un échec.

La scission entre les deux camps est totale et débute ainsi en Septembre 2000 la **seconde Intifada.** Elle s'étalera sur une période de 5 ans, jusqu'à dit-on l'application du Plan Sharon qui retirera tous les israéliens de la Bande de Gaza, et verra l'émergence à partir de 2002 d'un/d'une **Mur de Séparation/Barrière de Sécurité** entre Israël et les territoires palestiniens voisins. En 2005, donc à la fin de la 2nde Intifada, se tiennent des élections démocratiques en Cisjordanie qui élisent le Fatah, principal parti politique de l'Autorité Palestinienne désormais dirigé par **Mahmoud Abbas**. Mais l'Intifada a fait rage surtout dans la Bande de Gaza ou les positions se sont largement radicalisées. Les élections démocratiques qui se tiennent à Gaza en 2006 n'aboutissent donc pas au même résultat que les élections Cisjordaniennes, et amènent, **démocratiquement,** le Hamas au pouvoir. La décision est dès lors contestée par les toutes les instances internationales, et le Fatah.

C'est donc à partir de ces élections que se dessineront deux situations distinctes entre la Cisjordanie et Gaza. Sur le plan politique tout d'abord. L'Autorité palestinienne n'a plus l'influence qu'elle avait auparavant. Mahmoud Abbas décide dès son arrivée en 2006 de mener une politique qui passe par une voie diplomatique et qui vise notamment à la reconnaissance de la cause Palestinienne à l'international. Cette stratégie se fonde sur le fait que le conflit n'a plus l'importance qu'il avait autrefois, et commence à passer au second plan. La présence d'une entité palestinienne à l'international est donc selon lui cruciale pour refaire émerger la cause dans les esprits. Comme nous le verrons, cette politique peine toutefois à convaincre les palestiniens de son efficacité, car malgré la reconnaissance de l'état palestinien proclamé en 1988 par Arafat, et reconnu par l'ONU en 2012 et plus de 150 pays en 2015, les conditions de vie ne se sont toujours pas améliorées. Un changement de dirigeants est donc de plus en plus demandé mais demeure impossible au vu de la centralisation du pouvoir acquise par Mahmoud Abbas (en place depuis 15 ans), dont certains ministres sont restés à leurs postes pendant plus de 10 ans. L'autorité Palestinienne n'est donc plus vraiment représentative de la population cisjordanienne, aucun successeur plausible ne semble pouvoir succéder à Mahmoud Abbas âgé maintenant de 85 ans, le soutien de la Jordanie voisine n'a plus les mêmes aspects, et se dessine alors une instabilité politique au sein du territoire.

Mais la situation à Gaza est plus critique. Le Hamas arrive aisément à imposer son autorité sur le nouveau territoire qu'elle contrôle. La lutte armée qu'elle a décidé de mener passe alors d'une part par des incursions dirigées sur le territoire israélien, accessible grâce à la construction de tunnels souterrains. D'autre part par des roquettes lancées quotidiennement sur les villes proches de l'état israélien, qui se protègent par un tout nouveau dispositif militaire, le Dôme de Fer. Un cycle de violence commence donc, et crée un climat de forte hostilité au sein des deux camps.

La tension grandit alors de plus en plus et mène à trois opérations israéliennes majeures sur la Bande de Gaza, à savoir Plomb Durci en 2008, Pilier de défense en 2012, et finalement la plus connue Bordure protectrice en 2014, qui reste la plus meurtrière en terme de civils tués.

Les conditions de vie des palestiniens de Gaza se dégradent ainsi largement après l'Opération Bordure Protectrice de 2014. D'une part à cause des dégâts causés par la guerre. D'autre part car le Hamas qui a toujours incarné une branche extrémiste et terroriste, continue de faire la loi. Instabilité, extrêmisme, pauvreté ; les haines se renforcent et aboutissent en Septembre 2015 à la **troisième Intifada**. Elle dure jusqu'en 2017 et trouve sa particularité majoritairement dans deux choses : l'âge des protestataires qui ont pour la grande majorité moins de 18 ans ; les revendications qui sont non plus principalement nationalistes, mais religieuses.

Les opinions internationales s'indignent donc souvent, mais la réalité, c'est que rien ne change vraiment. Mais alors pourquoi ? Pourquoi malgré toutes ces révoltes, toutes ces opérations, toutes les condamnations internationales, la situation reste-t-elle la même ? La réalité c'est que le conflit n'a plus l'importance qu'il avait avant, et notamment lors des accords d'Oslo en 1993 ou les espoirs de paix étaient à leur apogée. Ils s'est enlisée dans le temps. Les différents acteurs présents dans le passé ne sont donc plus d'actualité, et un statu quo s'est imposé graduellement au fil des années. La question est donc de savoir quelles ont été les causes qui l'ont permis. À la fois politique, idéologique, diplomatiques, géopolitique, ou religieuse, elles restent multiples. J'essayerai dans cette dernière partie de les exposer.

1991 :
- o Ouverture de la Conférence de Madrid

1993 :
- o Signature des accords d'Oslo

1994 :
- o Établissement de l'Autorité Palestinienne

1995 :
- o Délimitation de la Cisjordanie en 3 zones d'autorités
- o Assassinat de Yitzhak Rabin

1996 :
- o Vagues d'attentats meurtrier commis par le Hamas
- o Arrivée au pouvoir de Netanyahu

2000 :
- o Sommet de Camp David 2
- o Début de la 2nde Intifada

2005 :
- o Israël quitte Gaza : Fin de la 2nde Intifada

2006-2007 :
- o Prise de la bande de Gaza par le Hamas

2008 – 2012 – 2014 :
- o Opérations israéliennes dans la Bande de Gaza.

2015 - 2017 :
- 3ᵉ Intifada Palestinienne

2018 :
- L'ambassade des États-Unis est déplacée à Jérusalem

2021 :
- Mai 2021 : Escalade de tensions entre Israël et le Hamas.

70. Comment en-est-on arrivé aux accords d'Oslo ?

- *Présentation*

o Après 30 ans de haine, d'attentats, et de guerre, la poignée de main du 13 Septembre 1993 entre le premier ministre israélien Yitzhak Rabin et le dirigeant de l'OLP Yasser Arafat, fut en tête d'affiche des journaux internationaux. Les gens étaient réjouis, voyaient d'une certaine manière, le bout du tunnel. Mais alors comment, me direz-vous. Comment en-est-on arrivé à cette poignée de main historique ? Comment deux hommes, à la fois caractériellement mais surtout à l'origine, idéologiquement opposés, ont pu faire renaître un espoir de paix qui semblait pourtant abandonné ? Les causes sont multiples, évolutives, et il faut pour les comprendre, revenir 7 ans en arrière.

- *Le rejet de la Jordanie et l'impact de la 1e Intifada*

o Après avoir constaté l'échec de son administration quant à l'instigation d'une paix pérenne au Moyen-Orient, et dans notre contexte, d'une paix possible dans le cadre du conflit israélo-palestinien, le président américain Ronald Reagan décide malgré l'opposition du premier ministre Yitzhak Shamir, de se retrancher sur une solution ou les jordaniens pourrait avoir un rôle à jouer. Malgré les oppositions palestiniennes de l'OLP évidente, des pourparlers s'engagent en ce début d'année 1987. On discute, on se rencontre, on négocie, mais en vain. Pourquoi ? Les palestiniens de Gaza, après 20 ans d'occupation israélienne, ont décidé de se révolter. En Décembre 1987, éclates en effet un soulèvement qui s'étendra sur 7 ans : c'est la première Intifada.

o Alors que les jordaniens cherchaient à étendre leur influence par le contrôle plus ou moins intégral de la Cisjordanie, l'autorité du Roi Hachémite au sein du territoire n'est plus d'actualité. Il a perdu le conflit d'influence qu'il menait contre l'OLP depuis 1967, et décide en 1988 de rompre tous les liens « *politiques et administratifs* » qu'il entretenait avec le territoire cisjordanien. Du côté américain ou israélien, on essaye alors de broder une paix par des initiatives locales -en territoire palestinien. Mais là encore, sans succès. Constatant l'échec du processus et la disparition des jordaniens, ses seuls espoirs de paix qui puissent être concrets ne supposent donc plus qu'un seul acteur, l'OLP.

o Après avoir refusé toute discussion officielle avec l'OLP depuis 1975, les américains expriment par le biais des États Arabes leur volonté d'engager directement des pourparlers avec l'organisation palestinienne . Le but est d'aller dans la continuité des accords seconds de Camp David I : « *Un cadre pour la Paix au Proche-Orient* » qui n'avait pas abouti, mais en proclamant directement cette fois-ci les principes nécessaires à tout engagement israéliens. Le but est alors simple, pour mettre à la table des négociations à la fois l'OLP et Israël (réticent à toute discussion avec l'entité palestinienne et favorable au statu quo), l'organisation présidée par Arafat se doit de reconnaître deux choses réfutées en bloc depuis sa création en 1964, à savoir le renoncement au terrorisme, et la reconnaissance des résolutions 242(reconnaissance implicite d'Israël, reconnaissance des palestiniens en tant que réfugiés) et 338 (volonté de paix).

- *Pourquoi Arafat a-t-il accepté ?*

o Mais alors pourquoi Arafat a-t-il fait un pas, tandis que les israéliens n'étaient prêts à en faire aucun, me direz-vous ?

Après avoir vu son influence reculer à l'aube de la première Intifada avec l'arrivée du Hamas notamment, Arafat voit en cette proposition implicite faite par les américains le moyen de regagner en légitimité. Il admet dès lors ses deux résolutions en Novembre 1988 lors de la conférence d'Alger, puis en Décembre de la même année à l'ONU lors de la conférence de Genève. Il y déclare alors : « *Je demande aux dirigeants d'Israël de venir ici, sous l'égide des Nations unies, pour que nous accomplissions la paix* ». Malgré une réticence mécanique de Reagan et Shamir, il reste acclamé univoquement par l'assemblée.

Toutefois, précision, et pas des moindres, doit être faite. En plus d'avoir reconnu ses deux résolutions dès Novembre, il a aussi déclaré devant les états arabes, et après 40 ans, l'indépendance de l'État de Palestine. Cette reconnaissance est alors suivie d'une reconnaissance de plusieurs dizaines de pays à travers le monde. Mais comme vous vous en doutez, parmi eux sont exclu évidemment les États-Unis et Israël. Un processus est donc enclenché par la démarche américaine et la reconnaissance de ces résolutions onusiennes lors des conférences d'Alger et de Genève, oui. On a effectivement fait un pas vers la paix, certes. Mais tout – la reconnaissance de l'état palestinien proclamé, le statut des colonies/implantations, le statut de Jérusalem – reste à faire.

- ● *Un processus complexe*
o En novembre 1988, le républicain Georges Bush (père) est élu président des États-Unis. Plus concret, le président arrivant n'entretient pas les mêmes relations que son prédécesseur avec Israël et change la donne. Le secrétaire d'État James Baker établit ainsi clairement son opposition à la politique expansionniste de Shamir qu'il juge immorale, et une crise partielle éclate lorsque les américains refusent d'accorder un prêt de 10 milliards au gouvernement israélien. Les relations se tendent, tandis que dans le courant des années 90, en plus d'avoir perdu en légitimité au sein des palestiniens de l'intérieur, l'OLP est partiellement exclut des négociations par les américains après des attentats commis par un membre de son comité exécutif, Abu Abbas.

- ● *La guerre du Golfe*
o C'est une période charnière. D'un côté les américains essayent de négocier avec les israéliens en incarnant une ligne plus dure, tandis qu'une légitimité décroissante auprès du peuple palestinien sévit sur l'organisation palestinienne. La situation stagne alors quelque mois ; mais plus pour longtemps.
Après une guerre Iran-Irak de 8 ans ayant asséché les comptes du pays, l'Irak de Sadam Hussein envahit, en Août 1990, le Koweït, et déclenche la guerre du Golfe.

Les États-Unis mettent sur pied une coalition internationale qu'elle dirige pour lutter contre les Irakiens. Les pétromonarchies Arabe la soutiennent. La coalition gagne la guerre.

En plus d'être une victoire évidemment militaire, la guerre du Golfe est aussi une victoire politique pour les américains puisque ces derniers regagnent un pouvoir prépondérant au Moyen-Orient. Se considérant encore et toujours comme les « Gendarmes du monde », George Bush décide alors, dans la continuité de cette victoire, et au vu de la rupture de certains États Arabes avec une URSS disparue, de s'attaquer au *dernier grand problème* de la région, à savoir le conflit israélo-palestinien. Le processus de Madrid peut commencer.

71. Que prévoient les accords signés à Oslo ?

« Avec cette ferme conviction je voudrais confirmer que
[…] L'OLP reconnaît l'État d'Israël à vivre en paix et
dans la sécurité », Yasser Arafat, président de l'OLP.
« À la lumière des engagements de l'OLP […] , le
gouvernement d'Israël a décidé de reconnaître l'OLP »,
Yitzhak Rabin, premier ministre israélien.[23]

- *Remise en contexte*

o Après une guerre du Golfe ayant permis un regain de
pouvoir militaire et politique au sein de la région,
George Bush décide de poursuivre sur sa lancée et de
concrétiser ses promesses de paix par l'établissement
d'une solution, concrète, au conflit israélo-palestinien.
Une convention réunissant tous les acteurs en place est
alors établi pour la première fois en 1991, c'est la
convention de Madrid. Les discussions qui la suivent
durent alors plusieurs mois, mais malgré des espoirs qui
étaient bel et bien là, les conséquences de la conférence
restent limitées. Shamir fut réticent à l'idée de céder la
souveraineté israélienne sur les territoires occupés,
tandis que les militants palestiniens de la 1e Intifada,
considérés comme les nouveaux représentants de la
cause au détriment d'une OLP qui a perdu en légitimité,
n'avait pas de vrai pouvoir politique. Au vu de la
réticence de Shamir, ils prévoyaient une répétition des
accords de Camp David I resté comme nous le savons,
peu concret.

---

[23] 1994. *Gaza-Jéricho, Une signature historique*. La Tour-
d'Aigues: Éd. de l'aube, pp.171,179

o Après des négociations non-abouti qui durèrent 1 an et demi, l'OLP décide début 93 d'approcher les gouvernants israéliens pour entamer des négociations, cette foi-ci informelle, et donc sans la médiation de Clinton entre les deux partis. Les américains parrainent effectivement les accords à la fin, mais n'auront aucun impact sur les pourparlers secrets tenus entre palestiniens et israéliens à Oslo.

- *Leur but*

o L'image de la poignée de mains entre Arafat et Rabin est donc précéder de négociations secrètes entre palestiniens et israéliens dans la ville norvégienne d'Oslo, qui dureront en tout 6 mois. Le but est simple. Les accords visent à créer dans un premier temps une solution temporaire sans évoquer les questions brûlantes, afin d'engager un processus de paix qui aboutirait après un maximum de 5 ans de négociations, à un statut définitif pour le peuple palestinien. Autrement dit, les questions de forme sont réglées dans un premier temps pour enclencher le processus, tandis que le fond est remis à plus tard avec l'espoir que les négociations aboutissent à quelque chose, autrement dit un État.

Pour synthétiser, la signature des accords-cadres d'Oslo I permet la signature de deux autres accords intérimaires : les accords de Jéricho-Gaza et les accords d'Oslo II .

Les accords d'Oslo I (1993)

- *Que promet l'accord :*

o L'OLP reconnaît le droit d'Israël « *à vivre en paix et en sécurité et renonce au terrorisme* ». Israël reconnait en contrepartie l'OLP comme étant la représentante du peuple palestinien -et non de l'état palestinien-, et accepte les négociations. Après 50 ans de négations mutuelles, l'impact est fort sur le plan politique et l'image de la poignée de main entre Yitzhak Rabin et Arafat fait le tour du monde.

- Signature d'une « Déclaration de Principe » qui promet notamment deux choses
  1. Une Autonomie Palestinienne transitoire, qui doit être suivie dans un délai de 5 ans au gré de *longues négociations*, d'un « règlement permanent » du **problème des frontières**, du **statut de Jérusalem** – les deux problèmes de fond – et donc par un statut définitif pour cette entité Palestinienne. Le but fixé est alors d'établir en 2000, après cette période de transition de 5 ans, un état palestinien

  2. Le retrait des troupes israéliennes de Cisjordanie et de Gaza conquises en 1967, qui revient donc à l'application de la résolution 242. Ce second accord cadre permet la signature d'un accord intérimaire en 1995.

    - *Les voix ne parlent que très rarement à l'unisson*

o L'Iran avec le Hamas et le Jihad Islamique s'y opposent fermement en condamnant toute forme de paix. Le

Hamas sera par la suite financé et entraîné militairement par les Iraniens, aggravant progressivement l'unité du camp palestinien.

Dans un autre contexte, le Likoud israélien à savoir ici Netanyahou, s'oppose aussi à ces accords d'Oslo qu'il qualifie de « *menace mortelle pour Israël* ». [24]

- • *Quels sont les suites des accords d'Oslo I ?*
○ Ils permettent la signature de deux autres accords intérimaires : les *Accords de Jéricho-Gaza* (1), et les *Accords d'Oslo II (2)*

Accords de Jéricho-Gaza :

○ Ils permettent en Juillet 1994 le retour d'Arafat dans les territoires occupés palestiniens, où il établit l'Autorité Palestinienne.

L'autorité exécutive et le conseil législatif de cette nouvelle Autorité Palestinienne seront élus par les palestiniens de Gaza, de Cisjordanie, et de Jérusalem-Est, ce qui n'inclue donc pas les réfugiés intégrés aux pays Arabes.

L'Autorité Palestinienne est alors dans une certaine mesure, comme le Yichouv autrefois, une sorte de proto-État avec ses propres institutions, ses partis politiques, etc…

---

[24] 1994. *Gaza-Jéricho, Une signature historique.* La Tour-d'Aigues: Éd. de l'aube, pp.48.

Accords d'Oslo II en 1995 :

o Ces accords découpent les territoires palestiniens en **3 zones** (données en 2000) :

Zone A : Les territoires sont sous autorité Palestinienne. Elle recouvre notamment la Bande de Gaza. (18% du total)

Zone B : Les territoires sont sous autorité Palestinienne et israélienne. (22% du territoire total)

Zone C : Les territoires sont sous autorité israélienne. (60% du territoire total)

o Ils sont aussi suivi en 1994 d'un accord israélo-jordanien qui permettra une paix, officielle, entre l'état israélien et le Royaume Hachémite.

- *Qu'en est-il finalement de ces « **longues négociations** » qui devaient aboutir à un statut définitif de l'autonomie palestinienne ?*

o Les accords d'Oslo furent un échec. Un état palestinien est évoqué mais le statut de Jérusalem en tant que capitale de cet État, ainsi que le statut des colonies/implantations israéliennes, font buter les négociations qui n'aboutissent pas réellement.

Par ailleurs, la méfiance entre les deux interlocuteurs s'accroît avec la montée des extrêmes au sein des deux camps. D'un côté l'attentat de Baruch Goldstein qui tue 26 palestiniens à Hébron. De l'autre la montée du Hamas et donc des attentats en Israël – qui ne sont donc pas commis par l'OLP – qui font plusieurs centaines de morts, et qui choquent de surcroit la population israélienne.

Cela radicalise les opinions en Israël et amène ainsi en 1996 le Likoud au pouvoir, incarné par Netanyahou qui lui fut toujours fermement opposé aux accords d'Oslo.

Après l'échec de la résolution des questions de fond, les refus d'Arafat des solutions proposées lors des accords de Camp David II en 2000 – qui visent à trancher sur ces questions restées en suspens – remettent largement en cause la fiabilité de l'interlocuteur palestinien. L'entente entre les deux parties est ainsi largement dégradé.

Trois choses concrètes resteront tout de même de ces accords historiques.

(1) La reconnaissance mutuelle entre l'OLP et Israël, considérable sur le plan politique, seule chose qui soit encore d'actualité entre les deux entités.

(2) La création, censée être transitoire, de l'Autorité Palestinienne.

(3) Le partage de la Cisjordanie en plusieurs zones (A, B, et C).

Sans établir un schéma préétabli pour passer de la phase transitoire à la phase définitive des accords, la pérennité des pourparlers n'étaient-elles pas mise en danger ?

L'absence de l'assassinat d'Yitzhak Rabin aurait-elle permis un vrai succès des accords ?

Que reste-t-il de ces accords au niveau idéologique, diplomatique et territorial ?

72. Pourquoi l'Autorité Palestinienne est-elle critiquée dès ses premières années ?

« Les forces de sécurité se lancent dans une politique d'éliminations et d'enlèvements contre des rançons au sein de la population palestinienne.[...] Lors du retrait d'Israël en 2005, les différents clans s'emparent des terres abandonnées alors qu'elles relèvent du domaine de l'autorité Palestinienne » Analyse de l'historien Jean Claude Lescure.[25]

- *Les « 4F » : Fasad, Fawda, Falatan, Fitna | Corruption, anarchie, insécurité, guerre civile*

o À la suite des accords d'Oslo, l'aide internationale destinée à l'autorité Palestinienne s'élèvent à 1 milliard de dollars par an, mais la distribution de l'aide mène à la corruption des dirigeants. En Juillet 1997, une commission parlementaire Palestinienne signale que $326 millions de dollars ont été mal gérés ou détournés cette année-là, et ce notamment par des ministres ayant dépensées pour plusieurs millions dans des hôtels, bars ou restaurants.

L'autorité Palestinienne se dote donc de nouvelles institutions – permettant notamment la création du poste de premier ministre - mais échoue à créer un système judiciaire fiable. Entre la Cisjordanie et la Bande de

---

[25] Lescure, J., n.d. *Le conflit israélo-palestinien en 100 Questions*. Question 76 : « Pourquoi l'autorité Palestinienne est-elle critiquée dès ses premières années ? »

Gaza, elle ne parvient donc pas à unifier les forces de sécurité des deux territoires palestiniens.

- *Des problèmes structurels*

o Lors de la 2nde Intifada, la gouvernance de la récente Autorité Palestinienne s'étiole peu à peu, au profit, à partir du retrait israélien en 2005, des familles puissantes de Gaza qui s'engagent dans l'acquisition de territoires qui leur sont propres. Mahmoud Abbas lorsqu'il arrive au pouvoir en Janvier 2005 récolte ainsi tous les problèmes laissés par son prédécesseur dont la crise économique et la corruption font partie. Le taux de chômage est alors cette année-là de 25%, malgré des consultants de l'Autorité Palestinienne connu pour toucher des salaires allant de $4000 à $5000, avec un salaire médian à cette époque-là de $500 par mois.

- *Un manque de représentativité croissant*

o Entre polarisation des opinions après la 2nde Intifada et manque de représentativité, les élections législatives élisent le Hamas à Gaza en 2006, au dépit de l'autorité palestinienne. Le Fatah, principal parti de l'Autorité Palestinienne, ainsi que les instances internationales, réfutent cependant cette victoire, malgré son aspect démocratique. Le Hamas voit dès lors sa victoire contester par les membres du Fatah qui refusent de quitter les lieux, et décide de prendre les armes. Après des heurts faisant plus de 100 morts, le Fatah est complètement évincé de Gaza en 2007. Le parti de l'Autorité Palestinienne n'est donc plus présent au sein de Gaza depuis 2006, même si elle reste la seule instance reconnue par les acteurs internationaux.

o Du côté de la Cisjordanie, Mahmoud Abbas en place depuis 2005 récuse toute séparation des pouvoirs, et pâtit comme nous le verrons dans les prochaines questions d'un manque de légitimité clairement établie au sein de la population cisjordanienne. Entre la corruption, les guerres de clans, et le Hamas, l'Autorité Palestinienne a ainsi eu du mal dès ces débuts à imposer une autorité et une souveraineté unilatérale. Cela n'a donc pas permis de construire des bases solides pourtant nécessaires à une forme de pérennité.

73. Comment l'évolution du conflit a-t-elle modifié l'activité politique des Arabes israéliens ?

- *Une logique de soumission*
o Dans la période de 48 à 93, seul des élections à la Knesset sont établies. Les Israéliens, qu'ils soient arabe ou juif, votent donc uniquement lors d'élections législatives pour voter les partis qui seront représentés aux parlements. Le parti qui obtient le plus de voir peut élier le premier ministre israélien qui a la même place que le président en France.

o Les arabes israéliens sont donc contraint de voter pour les partis traditionnels de gauche, plus enclins à améliorer leurs conditions de vie, que les partis traditionnelles de droite.
C'est ainsi qu'aucun partie Arabe unie n'arrive à se créer, et donc aucune offre politique concrète n'est faite aux arabes israéliens qui ne votent qu'à 20% pour des partis arabes indépendants. Alors qu'ils pourraient représenter, dans le cas où ils voteraient tous pour le même parti, 16 sièges à la Knesset. Ils votent alors majoritairement pour le parti de gauche en place en Israël de 1948 à 1993, c'est-à-dire le Mappai qui fusionne par la suite avec le parti travailliste en 1968. Majoritairement pour améliorer leurs conditions de vie et les maintenir sur leurs terres, même s'il faut pour cela voter certaines lois qui vont contre leur gré tel que le maintien de l'administration militaire en 62.

- *Réforme et parti communiste*

o Après 1949, le parti communiste israélien divise Juifs et Arabes par rapport au soutien qu'il est nécessaire de porter à Nasser. Ce dernier faisant d'Israël son principal ennemi. Les juifs quittent alors le parti, qui ferme en 1965. Tandis que les Arabes israéliens fondent le parti Rakah qui intègrera une alliance parlementaire d'extrême gauche, le Hadash, dans les années 70. Dans la continuité du mouvement Mouajamma al-Islammi (1970's), les israéliens soutiennent les mouvances islamistes pour la plupart hostile à l'OLP. Elles ne participent pour le moment, non pas à des actions terroristes, mais à des actions caritatives. Elles permettent ainsi de construire des écoles, fournissent des services sociaux, etc... Le mouvement politique des islamistes incarne alors la Liste Arabe Unie mais finit par se séparer à l'issue des accords d'Oslo entre la Branche Sud (pour les accords) et Nord(contre les accords), qui finit d'ailleurs par être interdite en 2015 après les appels à la haine de son dirigeant.

o À la suite des accords d'Oslo de 93, une réforme constitutionnelle qui durera jusqu'en 2001 s'établie. On vote alors comme en France à la fois aux législatives pour désigner les partis présent à la Knesset, et aux « *présidentielles* » pour désigner le premier ministre. Cela change la donne car les arabes israéliens peuvent alors voter pour des partis arabes israéliens à la Knesset, tout en votant pour des partis de gauche aux présidentielles afin d'améliorer leurs conditions de vie. Ils ont donc dès lors plus de pouvoir politique, même si cela reste peu concret car une majorité à la Knesset reste nécessaire pour pouvoir avoir un impact direct sur les politiques publiques.

- *Un changement de mentalité enclenchée par la seconde Intifada*

o La loi n'est plus présente à partir de l'élection de Sharon en 2001. On revient donc à la situation de la période 1948-1993 en revotant uniquement pour les partis de la Knesset afin d'élire le premier ministre, avec toutefois un petit changement car les arabes israéliens votent cette fois en majorité pour des partis arabes indépendants et non pour les partis traditionnels de gauche.

On voit dès lors l'apparition de deux partis arabes principaux : le Hadash (parti communiste) et la liste Arabe Unie. Mais au cours des législatives qui vont de 1993 à 2013, les deux parties n'arrivent pas à s'unir.

Jusqu'en 2015 ou l'avocat et homme politique Ayman Odeh arrive à fédérer les unions politiques au sein d'une liste qu'il crée, la Liste Unifiée. À l'issue des élections législatives de Mars 2020, le parti parvient ainsi à acquérir 15 sièges à la Knesset, ce qui en fait le 3e parti politique le plus grand du pays.

o Les réalités de terrains s'engouffrent, mais les idéologies perdurent. Les partis de la liste Unifié restent pour la grande majorité antisioniste, même si encore une fois cela ne change pas grand-chose aux réalités de terrain. Comme énoncé précédemment, une majorité est nécessaire pour être élue et avoir un impact politique. Une reconnaissance des arabes israéliens en tant que minorité nationale - leur première revendication- est donc pour l'instant impossible sans une action concrète prise par les gouvernements en place.

74. Qu'est-ce que la deuxième Intifada / *Intifada Al-Aqsa ?*

- *Remise en contexte :*
o Les accords de Camp David II en Juillet 2000, qui sont une continuité des accords d'Oslo, n'ont pas abouti. Les relations entre Arafat et le gouvernement israélien sont quant à elles largement dégradés. Le camp palestinien n'a pas accepté les solutions de paix proposées, et la personnalité du président de gauche Ehud Barak ne fait plus l'unanimité en Israël. Les volontés de Paix des années 1990 ont disparu, et la solution à deux États semble être redevenue un horizon inatteignable.

o Un mois après les accords de Camp David II, de fortes tensions apparaissent après la visite d'Ariel Sharon - représentant de l'opposition israélienne- sur l'Esplanade des Mosquées/Mont du Temp. Débute alors en Septembre 2000 une seconde Intifada dite *Intifada al-Aqsa*, qui durera 5 ans.

- *Qu'a-t-elle de particulier ?*
o À la différence de la première Intifada, des groupes armés faisant parti du Fatah de Yasser Arafat mais aussi et surtout du Hamas se mêlent aux manifestants. Une période d'attaque puis de représailles commence. Des attentats à la bombe, des tueries de masses, des fusillades ou la plupart du temps des enfants meurent d'ailleurs, font partie du quotidien.

Un cycle de violence oscillant donc entre violence palestinienne et israélienne dure jusqu'en 2005, et fait plusieurs milliers de morts ainsi que des dizaines de milliers de blessés.

La plupart des historiens s'accordent à dire que l'Intifada s'arrête lors de la mise en application du plan d'Ariel Sharon, qui conduit au retrait des colonies/implantations israéliennes de la bande de Gaza le 12 Septembre 2005. Mais les opinions demeurent très nombreuses et certains vont jusqu'à dire que la seconde Intifada ne s'est en fait jamais arrêtée car directement suivie par les roquettes du Hamas depuis Gaza.

o De la 2nde Intifada découle plusieurs choses :

- Une réelle crise de sécurité qui se basait sur une alliance de l'Autorité Palestinienne et israélienne conclue à l'issue des accords intérimaires de Jéricho-Gaza signés après Oslo.
- Une crise sociale et économique en Cisjordanie et à Gaza ou les taux de chômage atteignent des records.
- Une radicalisation des mentalités des deux camps qui conduit en partie à l'élection du mouvement islamiste et terroriste Hamas lors des élections législatives tenues à Gaza en 2006, ou encore l'émergence d'organisations comme le BDS.

75. Les retraits israéliens des territoires palestiniens sont-ils facteurs de paix ?

o Les retraits successifs israéliens se sont souvent suivis par des conflits armés et n'ont donc dans l'ensemble pas favorisé la paix. Une constatation qui constitue l'un des arguments majeurs du Likoud israélien, parti à la tête du pouvoir depuis 2009.

* *Historique des retraits*

o Tout d'abord, les retraits israéliens se font à la suite des accords d'Oslo II de 1995 avec les retraits des forces israélienne de Cisjordanie et de Gaza - territoires de la zone A, qui passent sous le contrôle de l'Autorité Palestinienne. Ce qui n'empêchera tout de même pas la perpétration d'actes terroristes du Hamas et la seconde Intifada en 2000.

o Au même moment, nous avons aussi un départ des israéliens du Sud-Liban après avoir été en conflit avec le Hezbollah jusqu'en 2000. Un conflit entre l'organisation libanaise et l'état israélien qui atteint son acmé en 2006 lorsque des soldats de Tsahal sont pris en otages par l'organisation libanaise.

o En 2005, le premier ministre israélien Ariel Sharon se détache du parti du Likoud qu'il avait cofondé et lance le *plan Sharon*. Ce plan Sharon conduit au retrait des israéliens présents dans la bande de Gaza. Mais ce retrait n'empêche pas la victoire du Hamas lors des élections législatives en 2006, qui finira par complètement s'emparer de Gaza et aggraver fortement la situation au sein du territoire par l'envoi de roquettes notamment.

- *Un argument discutable*

○ N'oublions pas que le conflit entraîne aussi des réalités géopolitiques, politiques et de terrains qui doivent être prises en compte afin que la situation soit comprise dans sa globalité, et non en un simple fait qui permettrait d'omettre toute la complexité qu'elle peut supposer. Le retrait des territoires à gaza en 2005 en est un exemple. Après le départ de tous les juifs présents dans la Bande de Gaza, les années qui suivirent furent marqué par un regain de tensions de par l'arrivée du Hamas, qui sera en guerre avec Israël trois fois en 7 ans.

Mais qu'en est-il de la généalogie de l'émergence du Hamas à Gaza ? On pourrait citer aussi -dans une perspective plus large - l'exemple du Sinaï, qui après avoir été rendu à l'Égypte a permis une paix de plus de 40 ans avec le Raïs.

Le but n'est pas ici de donner mon opinion comme certains peuvent le penser, mais de bien comprendre que l'angle de la « cause unique » est discutable et mérite d'être discuté.

76. « Barrière de sécurité », « Mur de séparation » ?

- *À l'origine*

o À la suite de la seconde Intifada qui débute en Septembre 2000, un mur se crée en 2001 à partir d'initiatives locales. Celles-ci seront par la suite épaulées par des initiatives gouvernementales en 2002. Son but premier est de stopper les incursions Palestiniennes faites en territoire israélien, mais sa construction ne suit que de 20% le tracé de la Ligne Verte. En rattachant de facto à Israël 8.5% de la Cisjordanie, le dispositif inclut des blocs de populations israéliennes illégales, ce qui mène donc à une annexion implicite des territoires.

Les débats sémantiques pouvant être porteur d'une contingence, le conflit autour du mot – encore une fois témoin d'une lutte idéologique – ne cesse pas.

- *Que représente-t-elle physiquement ?*

o C'est une barrière de 700 km de long, 8 mètres de large, composée entre autres de miradors et de dispositifs électroniques qui visent à surveiller le territoire voisin.

Les passages d'un territoire à un autre s'opèrent à travers des checkpoints situés tout le long, chargé de contrôler chaque habitant de Cisjordanie ou de Gaza lorsqu'il rentre en Israël. Les contrôles sont stricte, obligatoire pour les palestiniens. Tandis qu'ils sont aléatoires pour les israéliens lorsqu'ils rentrent en Cisjordanie, d'autant que les autorités israéliennes ont le pouvoir d'interdire les entrées palestiniennes dès qu'elles le souhaitent.

- *Que représente-t-elle dans les mentalités ?*

o Sur le plan officiel, l'ONU condamne la construction du mur (144 voix pour et 4 contre)

En Juillet 2004, la Cour internationale de justice proclame ainsi qu'il est illégal puis demande son démantèlement. Mais rien n'y fait.

Comme présentées dans la question, deux visions bien distinctes sont déclarées quant à cet assemblage de pierre. Les palestiniens et leurs soutiens s'opposent à sa présence et le qualifient par l'expression « Mur de séparation ». La raison est simple. Le mur sépare très distinctement deux populations et représente dès lors un symbole de rupture très fort qui ne permet pas une potentielle réconciliation.

Tandis que les israéliens emploient l'expression « Barrière de Sécurité » en ce sens qu'elle permet de stopper les incursions palestiniennes terroriste en territoire israélien, et donc de sécuriser le territoire. Le bilan est concluant et positif, car après sa construction en 2002, et ce jusqu'en 2017, le nombre de victimes d'attentats kamikazes sur le sol de l'État israélien est passé de 451 à 0.

- *Au fond*

o Maintenant, que ce soit la première ou la seconde expression qui soit employée importe peu en soit. Les conflits de sémantiques ne mènent pas à grand-chose et sapent souvent un dialogue certes complexe, mais pourtant nécessaire à toute évolution.

Les deux décrivent des réalités différentes et des légitimités qui se font face puisque nul ne peut prétendre pouvoir convaincre un camp ou un autre que son expression puisse prévaloir.

o   Au-delà de l'aspect esthétique, nul ne peut savoir quand, et si ce mur-barrière sera détruit. Même si disons-le, il semble difficile qu'à long terme une paix concrète puisse exister en maintenant la présence de ce dernier. (Carte Question 65)

Quelle place occupe la forme quant à l'explication du fond ?

77. Pourquoi les résolutions onusiennes restent-elles inefficaces ?

- *Remise en contexte*

o   En 1947, l'ONU fait un premier pas dans la résolution de ce conflit en créant l'UNSCOP (organisme dédié spécifiquement au conflit) qui propose un plan de partage en deux États. C'est la résolution 181. Mais celle-ci n'aboutit pas et se solde par un échec.

o   Par la suite, à l'issue de la guerre des Six Jours, l'ONU adopte une nouvelle résolution qui constituera un socle pour les accords de paix suivant (Camp David I, Oslo, et Camp David II), c'est la résolution 242 [Q.39]. Cette dernière demande le retrait des forces israéliennes occupant la Cisjordanie et la Bande de Gaza. Mais 23 ans plus tard, malgré la multiplication des résolutions, les israéliens n'ont pas bougé et continuent d'occuper ces territoires. Alors, pourquoi ? Pourquoi après plus 100 résolutions les choses ne changent pas ? Comment le pays le plus condamné à l'ONU depuis sa création ne se voit pas contraint de modifier sa politique ?

- *Le droit ne doit-il pas contraindre l'état ?*

o   Les résolutions de l'ONU peuvent être soit adoptée lors de l'Assemblé Générale, soit au Conseil de Sécurité. Les résolutions du Conseil de Sécurité sont elles-mêmes prise au nom de chapitre différents de la charte.
Une résolution prise à l'assemblée générale de l'ONU n'est, quoiqu'il arrive, pas contraignante pour le ou les pays concernés. Pour une résolution du Conseil de sécurité, ces dernières sont prises au nom d'un des 19

chapitres de la charte onusienne, et demeurent contraignantes en fonction du chapitre concerné. Ainsi, si Israël a souvent été condamné au Conseil de sécurité au nom du chapitre VI « *Règlement pacifique des différends* », qui renvoie à des résolutions, certes basées sur le droit international, mais dont l'application ne peut se faire que sur la bonne foi du concernée ; elle ne l'a jamais été au nom du chapitre VII « *Actions en cas de menaces contre la paix, de rupture de la paix et d'acte d'agression* » qui lui renvoie à des résolutions pouvant être suivie d'actes onusiens.

- *La résolution 3379*
o Jusqu'en 1974, Israël bénéficiait d'une bonne image à l'ONU. Mais en Novembre de cette même année, tout bascule lorsque l'Assemblé générale accueille Yasser Arafat en son sein qui y fait un discours marquant lui assurant d'ailleurs sa renommée. À l'issue de celui-ci, l'Assemblée onusienne, convaincue, change de ligne directrice et adopte un an plus tard la résolution 3379 qui déclare que le « *sionisme est une forme de racisme* ». C'est un réel choc en Israël, qui voit dès lors d'un très mauvais œil l'organisation internationale et les résolutions prises comme étant non respectable. Mais les situations évoluent... Les alliances deviennent malléable, se transforment et se désacralisent.

o Dix-sept ans plus tard (1991), les pourparlers de Madrid se tiennent. Les États-Unis arrivent à mettre à table les deux protagonistes, et la résolution 3379 est abrogée. Les considérations morales et éthiques de chacun se sont-elles transformés vis-à-vis du conflit israélo-palestinien ? Non. Mais les situation politique et géopolitique de chaque pays, oui.

- *Au fond*

o Deux faits concourants sont ici présents.

Le premier. Israël fait preuve d'une défiance certain vis-à-vis de l'organisation et des résolutions qui lui sont attribués. Les résolutions onusiennes reposent sur l'application d'une charte destinée à garantir la paix entre les peuples, et sont basé sur des principes moraux acquis par tous, tel que, dans notre contexte, l'autodétermination. L'infraction du droit international sur le long terme pâtit donc d'un manque de légitimité, évident.

Le second. La multiplicité des relations politiques causées par les constantes structurelles de l'ONU peut parfois supposer des alliances idéologiques et/ou politiques et/ou économiques entre les pays. Les résolutions prise par l'ONU doivent donc être mise en perspective avec ces constantes. La résolution 3379 en est un exemple.

o Si nous dépassons le fait de choisir l'un des deux faits pour revendiquer son « surtout », il faut ici retenir que ces résolutions sont avant tout révélatrices de l'inefficacité des instances internationales et ne sont donc finalement que le reflet de l'esthétique politique voulu par les pays non-concernés.

78. Quelles sont les mesures de répression utilisées par Israël contre les palestiniens ?

- *Mesures de répression individuelle active*
  o La prison est directement décidée pour les palestiniens terroristes capturés et une déchéance de nationalité peut être décidée pour l'arabe israélien terroriste. Une seule fois attribué depuis la mise en vigueur de la loi en 2008, elle concerna l'auteur d'un attentat à la voiture bélier. Outre l'aspect légal, les évènements ponctuelles qui prennent place aux frontières de la Bande de Gaza notamment et qui sont source de tensions, sont souvent suivi de répressions individuelles. La commémoration de la Nakba par exemple fait chaque année plusieurs dizaines de morts à la frontière.

- *La détention des corps, mesure de répression passive*
  o En 2012, 360 corps de palestiniens terroristes étaient détenus par les autorités israéliennes malgré les demandes des familles palestiniennes. Ces corps furent toutefois plus ou moins restitués entre 2012 et 2017.
  Les corps des soldats du Hamas ne sont toutefois pas restitués par le gouvernement israélien car ils peuvent servir de monnaie d'échange avec les corps de soldats israéliens.

  o Mis à part ces échanges morbides, c'est surtout des échanges de prisonniers qui s'effectuent entre les autorités israélienne et palestinienne. Les séjours récurrents font de la prison un lieu de militantisme fédérateur et actif. Avec notamment des grèves de la faim menés par un militant connu et populaire auprès des palestiniens, Marwan Barghouti.

Depuis la Guerre de Six jours en 67, c'est en tout 800 000 palestiniens (40% des hommes) qui y ont fait un séjour, dont la grande majorité pendant la période de 67 à 93 qui marque la période d'occupation de la Cisjordanie et de Gaza.

Après les accords d'Oslo, le nombre de prisonniers fluctue en fonction de la période mais ne dépasse jamais la dizaine de milliers. Les échanges de prisonniers sont donc faciles pour Israël qui y voit le moyen de récupérer des soldats capturés comme Guilad Shalit.

Alors qu'il sortait d'un kibboutz situé près de la frontière égyptienne et de Gaza, ce soldat franco-israélien est capturé par le Hamas en 2006. Des négociations avec Israël sont alors entamées mais n'aboutissent pas réellement, et ce n'est que 5 ans plus tard qu'il sera échangé pour 1000 fédayins palestiniens incarcérés dans des prisons israéliennes.

- *Mesures de répression collectives*

o   La famille de celui qui a commis un attentat est expulsée de sa maison, qui elle est détruite.

Une action condamné par le droit international et la Déclaration Universelle des Droits de l'Homme. Plus largement, les mesures de répression collectives s'incarnent par des opérations menées directement par l'armée israélienne telle que *Plomb Durci* en 2008, ou *Bordure protectrice* en 2014 [Q.85] aux conséquences humaines et économiques.

79. Quelle est l'originalité de la troisième Intifada / *Intifada des couteaux* ?

- *D'où part-elle ?*

o Après une montée de tensions suivant l'opération Bordure Protectrice en 2014, une acmé est atteint en Septembre 2015. À l'approche du nouvel an juif, des affrontements éclatent sur l'Esplanade des Mosquées et font suite à la résurgence des méfiances des arabes musulmans quant au statut quo de l'Esplanade. Le statu quo on le rappelle fait état d'un contrôle du Waqf (entité chargée d'administrer les lieux saints) jordanien sur le Dôme du Rocher et la Mosquée al-Aqsa, et ne permet pas aux juifs de prier sur le Mont du Temple.

- *Son originalité, en 4 points*

1. La plupart des terroristes qui y participent sont jeunes et les actions s'inscrivent dans une vague de terrorisme mondial initiée par Daesh (auront lieu 2 mois plus tard les tueries du Bataclan et des terrasses parisiennes).

2. Selon un sondage conduit par le *Centre palestinien pour la Politique et la recherche* en 2015, 1/3 des palestiniens sont contre cette intifada. Selon le Shin Bet (Service de sécurité intérieur israélien), les attaques sont isolées pour la plupart et ne s'inscrivent pas dans un mouvement plus vaste.

3. Les révoltes contre les implantations/colonies israéliennes et les revendications nationalitaires passent en second plan, au profit de revendications religieuses qui se traduisent par une hostilité aux non-musulmans.

Mahmoud Abbas déclare en Septembre 2015 *« Chaque goutte de sang répandue à Jérusalem est pure, tous les martyrs iront au paradis et chaque blessé sera récompensé par Allah. »*, une incitation condamnée par l'ONU.

4. Ce qui mène au 4e point : la coopération des forces palestiniennes et israéliennes. Voyant que la situation lui échappait, Mahmoud Abbas appelle dans un premier temps les écoliers à ne pas s'engager dans des actions terroristes, la moyenne d'âge de ces derniers étant de 15 ans à peu près. Dans un second, le président de l'Autorité Palestinienne décide de coopérer avec les israéliens en renforçant notamment le contrôle sur les réseaux sociaux, et en menant plusieurs centaines d'interpellations préventives.

- *Conclusion*
o L'Intifada se termine en Décembre 2017 et témoigne de deux choses. D'une part, de l'endoctrinement conduit fait par le Hamas et le Jihad Islamique qui expliquent les revendications religieuses. D'autre part, des conditions de vie qui se dégradent largement au fil des années dans un territoire qui serait selon l'ONU inhabitable en 2020.

80. <u>La résistance passive est-elle autre chose qu'une forme protestataire ?</u>

- • *Comment distinguer les mots et les pensées ?*

o Parmi les mouvements contestataires d'Israël, le plus connu et le plus influent reste le mouvement *Boycott, désinvestissement et sanctions* (BDS) dont la résistance reste passive dans la forme. Elle passe en partie par le boycott des produits israéliens et cherche à exercer une pression sur les entreprises étrangères en coopération avec Israël. Toutefois, la barrière entre les mots et les pensées reste fine; malgré l'absence de violence, le mouvement est souvent catégorisé comme étant, au-delà d'être un mouvement condamnant Israël, un mouvement antisémite. D'où la complexité des implications de la question posée.

- • *Une résistance passive et seulement protestataire*

o Au sein de l'état israélien et des territoires palestiniens/État de Palestine, certaines initiatives locales émergent pour instaurer un dialogue entre les deux populations. Parmi ces mouvements nous retrouvons notamment « Women Wage Peace » qui organise en 2017 une marche pacifique rassemblant des milliers de femme ; parmi elles des mères à la fois israéliennes et palestiniennes (mouvement toutefois contesté par le BDS).

Par ailleurs, nous avons aussi le mouvement des Familles Endeuillés qui avec son slogan « *I don't want you to be here* » (« je ne veux pas être rejoint ») marque les peines, les deuils, et les résiliences de ceux qui ont perdu un proche.

- *Réalité*

o Ces mouvements aujourd'hui ne sont intégrés que par une partie infime des deux populations. Le mouvement des familles endeuillées regroupe seulement 4000 israéliens ou palestiniens. Tandis que des mouvements polémiques et controversés comme le BDS regroupent une centaine de milliers de soutiens à travers le monde et bénéficient d'infrastructures bien établies.

81. Pourquoi l'eau et la pêche sont-ils source de tensions entre palestiniens et israéliens ?

- *La pêche*
  - o À l'issue des accords d'Oslo en 1993, l'état israélien accorde aux palestiniens de Gaza un territoire de pêche qui s'étend sur 20 miles nautiques. Mais cela ne durera que très peu de temps. Avec la montée des extrêmes, les espoirs d'une paix s'étiolent et les relations restent inchangées malgré la poignée de main historique. Étant en position de force, Israël reste en mesure de réduire les territoires accessibles aux bateaux palestiniens. On passe ainsi depuis le début de la 2nde Intifada, de 20 à 9 voire 3 miles nautiques lors des périodes de fortes tensions comme en 2009-2012, ce qui réduit les consommations de poissons ; quelque chose de largement relayés sur les réseaux sociaux.

- *L'eau*
  - o 40% des eaux israéliennes proviennent des territoires palestiniens. Nous avons d'une part les eaux de surface qui viennent du fleuve du Jourdain, et les eaux souterraines puisées dans les nappes phréatiques de Cisjordanie ou de son littoral. L'accès à l'eau est restreint pour les palestiniens qui doivent payer le même prix pour l'eau potable et agricole, qui va jusqu'à être 4 fois supérieur à celui prévu pour les israéliens habitant en Cisjordanie.

  - o Il y a une distinction entre la situation à Gaza et en Cisjordanie, les 2 territoires n'étant pas géographiquement pourvus en eau de la même manière.

Gaza n'a pas ou peu de nappes phréatiques à l'inverse de la Cisjordanie. Mais surtout, la situation démographique au sein des deux territoires est largement différente. Gaza est surpeuplée, tandis que la population palestinienne de Cisjordanie reste constante. Ainsi, si les habitants cisjordaniens n'ont pas de réels problèmes concernant l'eau, la population gazaouie demeure largement en stress hydrique.

- *À Gaza*

o Les accords d'Oslo en 1993 prévoient qu'Israël doit donner tous les ans une certaine quantité d'eau à la population gazaouie, une mesure qui a depuis 27 ans toujours été respectée. Mais au-delà des accords signés, l'évolution du conflit a modifié les réalités. Alors qu'en 2000 98% des gazaouis avaient accès à l'eau potable, en 2014 les chiffres tombent à 10%. L'eau issue directement de Gaza provient de nappe phréatique ou de précipitations. Mais le liquide qui en sort reste majoritairement salée et donc inapte à la consommation. Au-delà des accords diplomatiques, l'idée de dessaler l'eau fait surface.

o En 2017, un accord entre l'Autorité Palestinienne et le gouvernement israélien est signé. Deux choses en sortent concrètement. La première permet d'alimenter, grâce à l'eau de la Mer Rouge, une centrale de désalinisation en Jordanie. Le projet est coûteux, la question du financement est importante, mais se règle finalement par une prise en charge de la banque centrale européenne. La seconde composante de l'accord conclut un transfert israélien annuel de 32 millions de mètres cube d'eau aux palestiniens, dont 10 sont destinés à la Bande de Gaza.

o Les réalités actuelles restent donc moins graves qu'avant, tout en restant inquiétante. Mais étant une ressource primordiale, l'eau nécessite des échanges entre les deux partis pour l'organisation de l'approvisionnement, le financement, etc... ce qui crée la complexité.

82. Quelle est l'origine du mouvement islamiste à Gaza ?

- *Origines*

o   La montée de l'islamisme à Gaza doit bien sûr être mise en relation avec la montée de l'islamisme au sein de la région dans les années 70-80.

Après l'imposition d'un gouvernement de plus en plus autocratique -parti unique en 1975- ayant occulté « *la composante religieuse de l'identité nationale* »[26], la révolution Khomeiniste éclate en 1979 à Téhéran. Loin d'avoir été une surprise, elle est annonciatrice d'une montée de l'islam politique au sein de la région, qui ne sera pas sans conséquence. D'autre évènements tel que l'invasion soviétique en Afghanistan ou la prise d'otage de la Mecque (Novembre 1979) en sont aussi la cause mais ne seront pas détaillés ici; la révolution iranienne étant l'évènement qui eut de loin ou de près le plus d'influence.

- *Moujamma al-Islami*

o   Dans les années 70-80, l'état israélien voit dans les organisations religieuses un moyen de contrer l'influence de l'OLP, en partie car celles-ci lui sont hostiles. À l'issue de la visite de Sadat à la Knesset en 1978, Israël soutient principalement l'une d'elle : *Moujamma al-Islami.*

---

[26] Dakhli, L., 2016. *Le Moyen-Orient, fin XIXe-XXe siècle*. Paris: Éditions Points, p.344.
La phrase est de Azadeh Kian, au chapitre 7 « Iran un siècle d'histoire au miroir du genre »

Elle fut créée en 1973 par le Sheik Ahmed Yassine, un personnage sans affiliation violente et pour l'heure insignifiant.

Son parti, *Moujamma al-Islami* ne se focalise pas sur la lutte contre Israël comme le font les États Arabes avant 74, mais bien sur une promotion de l'Islam à travers la création d'écoles, d'institutions caritatives ou de services de santé situés dans la bande de Gaza. Sous l'impulsion des israéliens, elle tient alors un discours hostile à l'OLP et Israël classe l'organisation comme étant caritative en 1979.

- *Le retournement*

o Mais 5 années après s'être affiché auprès du gouverneur israélien de Gaza, Tsahal découvre dans une mosquée, construite par le mouvement, des armes entreposés par Ahmed Yassine. Ce dernier se défend alors en proclamant qu'elles ont pour but de lutter contre les militants de l'OLP, mais en vain. Condamné à 13 ans de prison ferme, le dirigeant finit par être libéré un an plus tard lors d'un échange de prisonniers.

o Dès lors, le mouvement *Moujamma al-Islami* se transforme progressivement en une force politique islamiste et paramilitaire. La précarité territoriale, l'occupation israélienne, la révolution iranienne, et les activités sociales du mouvement permettent son expansion. À l'aube du mois de Décembre 1987, cette mouvance autrefois pacifiste change de nom pour 'Hamas' : acronyme de « Mouvement de résistance islamique » en arabe. Par une popularité grandissante qui suivra le début de la première Intifada, le Hamas est donc une organisation islamiste, créée à l'initiative des Frères musulmans et de Ahmed Yassine, qui finit tué par une frappe de drone en 2004 en pleine 2nde Intifada. Chef et personnage emblématique du mouvement, 200 000 personnes assisteront à ses funérailles.

83. Comment le Hamas s'est-il à ses débuts imposé à Gaza (1987 -2006)?

- *Son succès*
o En ayant été plus radical que les autres le Hamas est parvenu à attirer des partisans lors des périodes de fortes tensions, comme la première et la seconde Intifada

- *Sa charte*
o En Août 1988, Le Hamas publie sa charte et expose ses objectifs parmi lesquels on compte « *La bataille contre les Juifs* ». L'organisation incorpore comme le Jihad Islamique, une autre force islamiste, une dimension religieuse aux revendications nationalistes. C'est une aile des frères musulmans et ses membres « *portent le drapeau du Jihad* ». Les conférences internationales sont ainsi déniées car elles « *concernent les mécréants.* ». L'Article 16 de la charte du Hamas stipule d'ailleurs : « *Le problème de la Palestine est un problème religieux et il doit être traité sur cette base* ». Tandis que l'on retrouve aussi des préceptes tel que : « *La femme doit éduquer les enfants pour les préparer à combattre.* ». Le document adhère aux théories du complot et prend pour référence *Les protocoles des sages de Sion,* document antisémite rédigé par la police tsariste en 1901.

- *Saisir sa chance*
o Un tournant s'opère en 1991 quand Ahmed Yassine, chef du Hamas, condamne l'annexion du Koweït par l'Irak à l'inverse d'une OLP qui soutient le président irakien. La nouvelle organisation bénéficie alors d'un

tremplin pour monter en puissance avec l'Iran, qui décide de la soutenir à la fois militairement et financièrement.

- *Une influence croissante*

o À la suite des accords d'Oslo, le Hamas organise des attentats suicides en Israël et contre des militants de l'OLP. Étant la première organisation à commettre des attentats suicides, elle est aujourd'hui, et depuis sa création, considérée comme terroriste par les organismes internationaux. Après des attentats qui font plusieurs centaines de morts de 1993 à 2000, les extrêmes montent, en Septembre la 2nde Intifada éclate. Les positions idéologiques se radicalisent dans les deux camps, et alors que l'Autorité Palestinienne perd progressivement de son influence, le Hamas en gagne.

o Lors des élections législatives qui se tiennent à Gaza en 2006, le Hamas domine ainsi le Fatah dont les membres connus comme étant corrompu sont à cette période largement impopulaire. C'est de cette manière qu'il parvient donc à gagner les élections, de surcroit diriger démocratiquement Gaza, et qu'il s'imposera au sein du territoire.

84. Comment la Bande de Gaza est-elle devenue le « *Hamastan* » (2006 – Aujourd'hui) ?

> « *Dans la bande de Gaza, des jeunes palestiniens sous occupation clament à l'unisson des révoltes Arabes de 2011 leur volonté d'en finir avec l'ordre du Hamas, avec le clientélisme et l'ordre moral de leurs 'gouvernants.'* » [27]

- *Contestation*

o À la suite des élections tenus en 2006, la victoire est contesté par l'ONU, l'EU, et la Russie, car l'organisation bien qu'elle ait été élue démocratiquement, reste une organisation terroriste. Elle refuse de renoncer à la violence, de reconnaître Israël, et de respecter les accords de coopération sécuritaires signés entre Israël et l'Autorité Palestinienne.

o Les représentants internationaux ne sont d'ailleurs pas les seuls à contester cette victoire. Après avoir perdu de leur autorité au fil des années, les représentants du Fatah, premier parti de l'OLP et souverain de la bande de Gaza depuis la création de l'AP, la contestent aussi. C'est ainsi qu'en 2007, le Hamas prend les armes contre les membres du Fatah ayant refusé de partir, et tue 161 personnes. Mohammed Dahlan représentant du Fatah fait donc démissionner ses membres pour limiter les

---

[27] Dakhli, L., 2016. *Le Moyen-Orient, fin XIXe-XXe siècle.* Paris: Éditions Points, p.451.

violences, bien que l'Autorité Palestinienne continue de financer l'organisation à hauteur de 1.5M par an.

- *Après le départ définitif du Fatah*
o Le Hamas limite fortement le rôle des familles puissantes de gaza qui avait pris le contrôle lors de la 2nde Intifada, et impose son autorité qui va de pair avec une culture radicale: interdiction aux femmes de fumer, conduire, etc…. Lors des opérations israéliennes de 2008 ou 2012, la branche militaire échoue et pense plus à protéger ses membres qu'à protéger la population. Lors des révoltes Arabes en 2011, tout comme en Égypte, au Maroc, ou en Jordanie, les politiques en place sont remise en cause. C'est pour cette raison que l'autorité du Hamas, malgré sa main mise autocratique, fut largement contestée par les gazaouis. D'autant que les guerres opposant l'organisation à Israël, en 2008, 2012, et 2014, n'ont fait qu'empirer les choses.

- *Un nouveau paradigme*
o En Mai 2017, voyant que la lutte armée n'est plus efficace voir devient contre-productive, le Hamas change sa charte. Il insiste sur la dimension politique du conflit, ne dit plus combattre les juifs mais les sionistes, enlève les allusions aux frères musulmans, et soutient toute forme de lutte – et non plus uniquement la lutte armée. Il s'adoucit en quelque sorte, même si son statut international ne change pas.

o Après ce virage politique, dans les mois d'Avril et Mai 2017 Mahmoud Abbas désire ainsi réinstaurer l'Autorité Palestinienne à Gaza afin de créer un gouvernement d'union nationale. Mais celui-ci ne fait pas long feu et les relations avec le Hamas s'étiolent ; l'AP réduit les versements fait au Hamas, détériorant une nouvelle fois les conditions de vies des palestiniens de Gaza.

o   Le 13 mars 2018, une onde de choc retentit lorsque le Premier ministre de l'AP, alors en visite à Gaza, est ciblé par un attentat. C'est la mort d'une alliance qui n'a finalement jamais été instauré. Les camps s'accusent entre eux, et on comprend pourquoi le manque d'unité s'ajoute à l'instabilité déjà présente.

85. Quelles sont les trois opérations menées par l'armée israélienne en 2008, 2012, et 2014 ?

Opération Plomb Durci, Décembre 2008

- *Remise en contexte*

○ Depuis les retraits israéliens en 2005, les tirs de roquette du Hamas n'ont pas cessé ; marquant le début d'une période d'actions-répressions entre les deux camps. Un cesser le feu a finalement été instigué entre l'IDF (Israeli Defence Force) et le Hamas, mais le 19 Décembre 2008, le représentant des palestiniens à Gaza décide de reprendre les hostilités.

○ Israël lance ainsi fin Décembre l'opération « Plomb Durci ». L'objectif est d'arrêter les roquettes palestiniennes et les contrebandes d'armes qui transitent par les tunnels reliant l'Égypte et Gaza. Mais les attaques, bien qu'elles parviennent à tuer des combattants du Hamas et détruire les tunnels construits, ont des conséquences direct sur la population civile Palestinienne. C'est près de 1000 civils qui meurent dont 400 enfants. L'évènement est alors diffusé dans le monde entier par les médias internationaux et entache l'image d'Israël.

Opération « Pilier de Défense », Novembre 2012

- *Remise en contexte*

○ Les mois précédents cette opération avait vu une escalade de tension entre le Hamas et Israël, après l'assassinat de plusieurs membres de l'organisation palestinienne. Gaza à ce moment-là est toujours malgré une petite amélioration,dans une situation dégradée. Les tirs de roquettes continuent, et les tensions se font de plus en plus importante. Un cycle infernal qui ne cessera de se répéter.

o En Novembre 2012, l'opération « Pilier de Défense » est lancé par l'armée israélienne afin d'effectuer des assassinats ciblés sur les membres du Hamas. Elle permet aux israéliens de détruire la plupart des « lanceurs de roquettes » du Hamas, mais fait près de 100 morts côté civils, dont 40 enfants. Pour l'État d'Israël, la mise en place récente du Dôme de fer – en partie financé par les États-Unis, permet de détruire les roquettes en plein vol et donc de protéger plus efficacement la population israélienne qui ne comptera aucun mort. Cette opération ne durera en tout que 8 jours et cessera à l'issue d'un cessez le feu instigué par l'Égypte.

Opération « Bordure Protectrice », été 2014

- *Remise en contexte*

o En Juin 2014, trois adolescents israéliens sont kidnappés et tué. À la suite de cela, un enfant palestinien est brûlé vivant par trois adolescents israéliens dans une forêt. La tension est à son comble et les tirs de roquettes du Hamas se multiplient, amenant un climat progressif de crise en Israël. Un sondage, mené après l'opération, révèlera d'ailleurs que plus de 90% des israéliens disent avoir soutenu l'opération, parmi lesquelles seulement 4% pensent que l'usage de la force fut excessif.

o   Cette opération fut de loin la plus importante et la plus meurtrière des trois ; elle durera en tout 51 jours. Face aux tirs de roquettes (3700 roquettes lancées en tout par le Hamas entre le 1e Juillet et le 20 Août), le dôme de fer a prouvé son efficacité même si 61 israéliens décéderont tout de même. Face à ces tirs, Israël décide d'entreprendre, 3 semaines après le début des attaques, une action lourde et musclée contre l'organisation. Le but de l'opération est encore une fois de détruire les tunnels et les lieux qui servent de *rocket-launcher*. Mais il s'avère que 2200 Gazaouis meurent, dont 1500 civils parmi lesquels on compte plusieurs centaines d'enfants. Les dégâts sur la population et sur le territoire de la Bande de Gaza sont considérables. C'est une catastrophe humanitaire et Israël est accusé de crime de guerre par l'ONU. Sur une autre échelle que celle de 2008, son image reste, particulièrement à l'issue de cette opération, largement entachée à l'international et sur les réseaux sociaux; nouveau théâtre des opérations.

- *Légitimités*

o   *« Avez-vous déjà vue nation dans l'histoire se faire bombarder trois semaines, sans agir ? »*
« En constatant comme moi ces bombardements atroces, comment voulez-vous que je puisse discuter de paix ? »

86. En quoi la démocratisation inachevée de l'Autorité palestinienne est-elle un frein à la résolution du conflit ?

- *Remise en contexte*
  - En 2005 et 2006 ont lieu des élections démocratiques organisées par l'autorité Palestinienne pour élire les partis qui seront responsables respectivement de la Cisjordanie et de Gaza.

  Le Hamas remporte les élections à Gaza, le Fatah – parti de l'Autorité Palestinienne – l'emporte en Cisjordanie. La victoire du Hamas est toutefois remise en cause ; l'organisation étant une organisation terroriste qui plus est liée à l'Iran, placée à ce moment-là sous sanction internationale.

- *Relations conflictuelles*
  - Trois sommets ont été menés entre 2006 et 2017, pour créer un gouvernement d'union nationale entre le Fatah et le Hamas. On a notamment le sommet de la Mecque en Février 2008 initié par l'Arabie Saoudite, le Sommet de Doha organisé par l'Égypte en 2011 et finalement le Sommet du Camp de Chati en 2014. Des mesures sont prises, mais les deux partis ne s'entendent pas et rien n'aboutit réellement. Jusqu'en 2017 où un peu d'espoir apparaît. Le conseil administratif du Hamas est dissous, l'Autorité Palestinienne se réunit pour la première fois à Gaza. Les deux partis doivent prendre des mesures sécuritaires communes et s'accorder sur qui doit diriger le territoire, mais 3 ans plus tard aucun résultat concret n'a émergé.

- La démocratisation inachevée de l'Autorité Palestinienne se traduit donc par l'inaptitude pour les palestiniens à élire de nouveaux dirigeants en Cisjordanie où Mahmoud Abbas est remis en cause, et à Gaza ou le Hamas, malgré son influence, reste de plus en plus contesté.

N'ayant pas pu renouveler les autorités en places, les conflits entre les deux organisations se sont aussi ajouter aux problèmes de représentativité déjà présent en impactant une unité pourtant nécessaire, à toute viabilité. Créant ainsi au fil des années une césure entre deux territoires dont les populations restent malgré tout unie.

87. Le conflit israélo-palestinien est-il passé au second plan ?

« Sur le plan mondial, l'état juif entretient des relations diplomatiques avec 159 États, y compris avec des pays-civilisations comme la Chine et l'Inde. On mesure le chemin parcouru si l'on rappelle qu'en 1973, ils étaient seulement 65, essentiellement en Europe et dans les Amériques. »10 Janvier 2018, Alain Dieckhoff. [28]

Bilan

- *Le rôle des États-Arabes à partir de 1948*

○ Comme nous l'avons vu précédemment, la situation des palestiniens au sein des camps de réfugiés fluctue selon les pays après la Nakba. Certains comme la Jordanie accordent la citoyenneté jordanienne aux palestiniens, tandis que d'autre comme le Liban ne soutiennent pas leur intégration. De par le manque de représentation structurelle, c'est par le biais des États Arabes que la question palestinienne refait surface, sans pour autant pour le moment acquérir son indépendance. Ce n'est qu'à partir des années 60 que le conflit passera de l'appellation « conflit israélo-arabe » à « conflit israélo-palestinien ».

---

[28] Dieckhoff, A., 2018. *Israël renforcé par son jeu diplomatique*. [online] Spire.sciencespo.fr. Available at: https://spire.sciencespo.fr/notice/2441/3njblettie9iip1r3rpdu0r18s.

- *L'arrivée du Fatah et de l'OLP*

o C'est Yasser Arafat qui va marquer la césure, en faisant prendre de l'importance à une identité palestinienne propre. L'organisation qu'il créé – Le Fatah – en 1959 se veut être indépendante des États Arabes et prône un nationalisme palestinien indépendant.

Le Fatah prends ainsi beaucoup d'importance après la guerre des Six Jours, amenant Arafat à la tête de l'OLP en 1969.

- *Cicatrices*

o Les accords du Caire signés la même année lui permettent d'avoir une souveraineté absolue sur les camps de réfugiés palestiniens au Liban, et s'associent avec une présence qui prend une place de plus en plus importante en Jordanie. En 1970, le dirigeant palestinien tente d'imposé sa souveraineté au sein du Royaume et tente de renverser le régime. *L'opération Septembre Noir* est conséquemment menée par l'armée jordanienne contre les fédayins palestiniens. De même à partir de 1975 – début de la guerre civile au Liban, la césure entre le gouvernement Libanais et Arafat est remarquable, et s'aggrave en 1982 après l'opération *Paix en Galilée*. Les relations entre libanais et palestiniens s'en retrouveront donc largement détériorées.

- *Le volet financier*

o Pour rappel l'OLP a toujours été dépendante financièrement des États Arabes, puisque les membres du Fatah par exemple dépendaient largement des aides fournis par les membres présents dans les pétromonarchies du Golfe. Ainsi, lorsque l'organisation soutient l'Irak pendant l'invasion du Koweït en 1990, les pétromonarchies ne le cautionnent plus et cessent de financer l'OLP. Bien que la représentante du peuple palestinien acquiert un semblant d'indépendance financière à partir des accords d'Oslo, qui permettront à la nouvelle Autorité palestinienne d'acquérir une aide de 1.5 milliards par an de la part de la communauté internationale, la corruption endémique de l'organisation n'a pas facilité les choses.

- *Un soutien qui finit par s'étioler de plus en plus depuis les années 80.*

o Le soutien des Pays Arabes ne se fait plus autant ressentir que dans les années 60-70. Déjà esquissée lors de la Guerre de Kippour, la réelle césure prend place à l'issue des accords de Camp David I qui permettent de satisfaire les intérêts nationaux égyptiens en dépit de la cause palestinienne. Le soutien des États Arabes ne se fera ainsi que par le volet financier et ne ressemble plus à celui qui l'était au 20e siècle. En effet, la guerre entre chiite (Iran), et sunnite (Arabie Saoudite) refait surface depuis les années 2000, reléguant ainsi largement au second plan le conflit israélo-palestinien qui occupait autrefois une place majeur.

- *Échanges diplomatiques et coopérations économiques*

o L'État de Palestine appartient donc certes à la ligue Arabe, mais le soutien de celle-ci n'a jamais vraiment permis d'améliorer la fiabilité de l'État. D'autant que cette dernière est largement divisée : deux blocs se créent en son sein lors de la guerre froide, aucun consensus sur la première guerre du Golfe ne s'est établi, et l'organisation reste aujourd'hui impopulaire pour la corruption de ces dirigeants. Parmi les 22 États qui la composent, 4 entretiennent une relation diplomatiques avec Israël, 4 commercent avec l'état israélien, et 16 sont au total des alliés des États-Unis. Le rôle des États Arabes a donc largement changé.

o Le statu quo s'étend dans le temps et les soutiens sont de plus en plus distants. Des États comme l'Égypte ou l'Arabie Saoudite sont en faveur du plan Trump en 2020, malgré lui. Le soutien est donc loin de ce qu'il fut auparavant, et ceci pour deux raisons simples.

o La première, c'est que l'insolubilité du conflit perdure dans le temps. Les plans de paix se sont multipliés sans pour autant aboutir, et une solution politique semble inatteignable pour beaucoup. La seconde repose sur la résurgence du conflit sunnite/chiite avec l'Iran qui occupe aujourd'hui la place centrale au Moyen-Orient. Malgré la présence du conflit dans les esprits, il faut donc bien comprendre qu'au niveau internationale (cf. la citation), ou au niveau des pays arabes, le conflit israélo-palestinien est passé, avec le temps, au second plan.

88. En quoi la succession de Mahmoud Abbas est-elle problématique ?

- *Remise en contexte*
o Mahmoud Abbas préside l'Autorité Palestinienne depuis 2005. Il a succédé à Yasser Arafat et base initialement sa campagne non pas sur la lutte armée, mais sur une lutte pacifique que ce soit au niveau politique, à travers la recherche d'une reconnaissance internationale de l'État palestinien, ou idéologique. Mais il a aujourd'hui 85 ans et certains des ministres qui l'accompagnent sont maintenant depuis plus de 10 ans au pouvoir. Impopulaire aujourd'hui en Cisjordanie, la question de sa succession reste centrale.

- *Deux acteurs*
o Mahmoud Abbas a deux successeurs potentiels. Le premier s'appelle Marwan Barghouti.
Incarcéré depuis 2002 avec 4 peines de prisons à vie et favorable à la lutte armée. De par ces grèves de la faim, il reste malgré son incarcération la personnalité la plus populaire auprès des palestiniens de Gaza et de Cisjordanie.
Le second est Mohammed Dahlan. Plus souple, sa lutte s'inscrit dans une optique plus démocratique, pacifique, et il condamne la lutte armée. Il est toutefois moins populaire car soutenu par l'Égypte et les Émirats, deux états accusé d'avoir abandonné la cause palestinienne pour leur innaction.

- *La réalité*

o Mahmoud Abbas étant en état précaire, le fait qu'aucun successeur ne sorte pas du lot laisse présager une instabilité politique qui s'ajoutera à celle préexistante.

Il y a peu de chances que Marwan Barghouti ne parvienne ne serait-ce qu'à se présenter car incarcéré. Et quand bien même serait-il élu, son poste de président ne serait sûrement pas reconnu par les instances internationales de la même manière que le Hamas ne fut pas reconnu lors de sa victoire, démocratique on le rappelle, en 2006.

Mais l'hypothèse Mohammed Dahlan ne semble pas non plus être la meilleure puisque s'il arrive à la tête du pouvoir, le fait qu'il ne soit pas populaire risque d'endommager une légitimité politique déjà contesté.

o Après 15 ans, des élections devaient enfin se tenir dans un premier temps en Mai pour élire les membres du Parlement de l'AP. Dans un second temps en Juillet, pour élire son président. Mahmoud Abbas a toutefois décide de les repousser en marge des tensions de Mai avec comme pretexte le fait qu'elles ne « pouvaient pas se tenir à Jérusalem-Est », objet de contentieux depuis maintenant plus de 50 ans.

o Tragique, le fait est que même si des élections venaient à avoir lieux, elles n'aboutiraient pas à grand-chose. En effet, la présence d'un successeur qui puisse à la fois correspondre aux revendications palestiniennes et être populaire auprès d'eux, tout en étant reconnu internationalement, n'est pas d'actualité. La succession de Mahmoud Abbas s'ajoute donc à l'instabilité déjà

présente en Cisjordanie ; car si sa présence personnelle
est contestée, son successeur risque de l'être aussi.

89. La Jordanie aide-t-elle les palestiniens de Cisjordanie ?

- *Aux origines*

o Après la première guerre israélo-arabe, le territoire Cisjordanien passe sous autorité jordanienne et ce jusqu'en 1967. Durant ces 20 ans (48-67), les réfugiés palestiniens de Cisjordanie sont alors ceux qui sont le mieux traités parmi les pays Arabes, bénéficiant notamment de la citoyenneté du pays.

- *Des espoirs qui resteront vains*

o En 1967, la Cisjordanie passe à l'issue de la Guerre des Six Jours entre les mains des israéliens et ce jusqu'en 1993. Durant cette période, une guerre d'influence s'installe entre la Jordanie et l'OLP en Cisjordanie, territoire encore largement convoité par les Hachémites. Avec la montée en puissance du Fatah à la fin des années 60, la souveraineté du Roi au sein de son propre pays s'étiole graduellement. Cela mène finalement à l'opération Septembre Noir en 1970, et au départ des membres de l'OLP pour le Liban ou une partie était déjà présente.

o Comme nous l'avons vu précédemment, les relations entre palestiniens et Jordaniens sont largement dégradés à la suite de Septembre Noir. Malgré l'expulsion de l'Égypte de la Ligue Arabe après les accords de Camp David I, le roi Jordanien reste le premier à renouer des relations avec le Raïs, ce qui déplaît aux dirigeants palestiniens. Au fil des années, la guerre d'influence qui s'était imposée entre la Jordanie et l'OLP perd donc de son ampleur. Jusqu'en 1988 ou la Jordanie rompt tous les liens politiques et administratifs qu'elle pouvait avoir avec le territoire cisjordanien.

- *Une évolution*

o Un vrai tournant s'opère dans la continuité des accords d'Oslo I quand Israël signe un accord de paix avec l'état jordanien (1994). Tout comme les accords de Camp David en 1978, celui-ci marque un vrai tournant dans les relations qu'entretient Israël avec ses deux plus grands voisins, soit l'Égypte et la Jordanie. Deux ennemis vieux d'un demi-siècle, mais en officiellement en paix depuis respectivement 43 ans et 29 ans.

o En 1999, le Roi Abdallah II de Jordanie succède à son père et expulse les dirigeants du Hamas présents dans son pays, bénéficiant ainsi du soutien de l'Autorité Palestinienne (AP) – Hamas et AP étant déjà rivaux à ce moment-là, et du soutien d'Israël. Les choses stagnent avec la 2nde Intifada et les différentes guerres entre le Hamas et Israël. Mais le rôle jordanien évolue en 2013 lorsque Mahmoud Abbas reconnaît officiellement la souveraineté de la Jordanie sur les lieux Saints musulmans de Jérusalem.

- *Au final*

o Toutefois, malgré quelques accords passés avec les palestiniens de l'AP, notamment pour l'apport en eau, le rôle de l'État Jordanien vis-à-vis des Cisjordaniens n'est pas réellement ressenti. Favorable à une paix avec Israël, le Roi est partisan de la solution à deux États mais sa position reste difficile à déterminer. Il se dit bien sûr être enclin à une union entre le gouvernement palestinien et son royaume, mais le manque de représentativité de l'État actuel, au niveau interne et international, ne permet pas d'aboutir à quelque chose de vraiment concret.

o Le rôle de la Jordanie doit donc être mis en perspective avec le passé d'un état qui a initialement été le premier allié des palestiniens. Après avoir attribué une citoyenneté à tous les réfugiés qui arrivaient dans le pays lors de l'exode de 1948-1949, les jordaniens ont aujourd'hui près de la moitié de leur population qui reste palestinienne. Le rôle de la Jordanie dans les conditions actuelles demeure cependant limité au regard de l'impact global de l'État dans la région, et ce malgré cet aspect démographique important.

Mer
Méditerranée

ISRAËL

Erez
(Beit
Hanou

Juin 2006 à mars 2009
6 milles marins

Jabaliya

Beit
Hanoun

Mars 2009
à nov. 2012
3 milles marins

Gaza

Novembre 2012
à décembre 2018
6 milles marins

Nahal Oz
(fermé
depuis 2010)

Décembre 2018
à avril 2019
6 à 12 milles marins

Karni
(fermé
depuis 2007)

Al-Boureij

Depuis avril 2019
6 à 15 milles marins

Deir Al-Balah

5 kilomètres

3 milles

Khan
Younès

**Blocus
maritime**

Rafah

Salah
Ad-Din

Soufa
(fermé
depuis 2008)

ÉGYPTE

Limite de la zone
de pêche autorisée
selon les accords d'Oslo II
de septembre 1995
(20 milles marins)

Rafah

Zone économique
exclusive (ZEE)
théorique de Gaza,
interdite d'accès

Kerem
Shalom

Ancien aéroport
(détruit en 2001 par
l'armée israélienne)

Zones maximales
de pêche autorisées,
tributaires des fréquentes
restrictions israéliennes

Zone bâtie

Camp de réfugiés

Clôtures terrestres

Clôtures grillagées

Mur de séparation

Zone interdite
sauf aux agriculteurs

Zone tampon militaire,
accès déconseillé

Point de passage contrôlé
directement ou indirectement
par l'armée israélienne

Personnes autorisées

Marchandises

Sources : Bureau de la coordination
des affaires humanitaires des Nations
unies (Unocha) ; Haaretz ; Gisha.org

90. La Bande de Gaza, un territoire sous blocus ?

- *2005-2010 :*

o Après la 2nde intifada qui se termine en 2005 avec la Plan Sharon, Israël signe le *Agreement on Movement and Access* et accepte de se retirer de Gaza. Jusqu'en 2007, l'état israélien laisse donc à l'Autorité Palestinienne le contrôle de Gaza et du point de passage de Rafah relié à l'Égypte, même si le gouvernement du Rais est en mesure de le fermer à tout moment. La victoire électorale du Hamas à Gaza lors des élections du Conseil législatif palestinien – parlement administré par l'Autorité Palestinienne – en 2006, change toutefois la donne car le Fatah, parti de l'Autorité Palestinienne, perds et fini par partir définitivement en 2007. Le Hamas prend donc le contrôle de Gaza, la stratégie armée se substitue à la stratégie politique de Mahmoud Abbas, et 6500 roquettes sont tirés sur le territoire israélien entre 2007 et 2010. Ces actions armées sont ainsi suivies par des mesures de restrictions prises par Israël contre Gaza, que ce soit par le biais d'opération ou par la fermeture des points de passage [Q.85]. D.M

- *2010-2014*

o En 2010, l'affaire du *Mavi Marmara,* un navire affrété par une ONG Turc ayant voulu forcer le passage par la mer, alors fermé par Israël pour se rendre à Gaza, change la situation. Les forces armées israéliennes tuent neuf des hommes du navire et les images font le tour du monde.

Le gouvernement finit seulement par s'excuser en 2016 et assouplit en contrepartie les contrôles à la frontière permettant le passage de marchandises.

Plus généralement, cette période est marquée par les deux opérations israéliennes de 2012 et 2014, qui s'ajouteront et renforceront l'instabilité déjà présente.

- *2014 – Aujourd'hui (2020)*
  - o Du côté israélien, l'ouverture des points de passage et l'extension des zones de pêches fluctuent en fonction des périodes de tensions.

    Pour ce qui est de l'Égypte, l'arrivée du président Al-Sissi en 2014 a modifié les relations qu'il pouvait y avoir avec le Hamas. De par ce point de liaison, l'organisation islamiste palestinienne a pu construire des tunnels reliant les deux territoires, qui permettaient d'acheminer d'une part du matériel, pouvant être converti en arme, mais aussi de la nourriture. Ces tunnels ont toutefois été détruits par le gouvernement égyptien à 90%. D'autant que la présence de militant islamiste de Daesh ou d'Al-Qaida qui font face au gouvernement Égyptien mènent à la fermeture quasi-totale du point de Rafah.

  - o Les rentrées en Israël restent largement restreintes (520 000 en 2004, 128 000 en 2016), et c'est ainsi que le territoire reste isolé par ses deux voisins. Cela n'est pas sans conséquence car les échanges marchands ne peuvent être qu'internes et une vraie économie ne peut donc pas se développer. Par suite, les conditions se détériorent graduellement au fil des années et Gaza demeure aujourd'hui un territoire sous blocus permanent.

91. Le projet national palestinien est-il en crise ?

- *Deux Palestine : des relations conflictuelles entre le Hamas et l'AP.*

o Lors des accords de 1994 qui permettent la création de l'Autorité Palestinienne, Israël signe des pactes avec la nouvelle organisations qui visent à assurer la sécurité des deux entités en réprimant notamment l'opposition islamiste du Hamas. Mais ces pactes, après la montée des extrêmes lors des années 95-99, sont rompues à la suite de la 2nde Intifada.

o Après les affrontements de la bande de Gaza en Juin 2007 entre Hamas et Fatah, la capacité des palestiniens à instaurer un projet national cohérent et unifiant les deux territoires de l'état s'amenuise considérablement. Les relations entre les deux parties ne s'améliorent pas, même si un sommet qui les réunit a lieu en 2017. Sans conséquence directe, l'impasse semble totale en 2018 lorsque le premier ministre palestinien, alors en visite à Gaza, est la cible d'un attentat. L'autorité accuse le Hamas, qui dit avoir abattu l'agresseur, mais le fossé se creuse une nouvelle fois.

- *L'autorité palestinienne perd en légitimité*

o En Mars 2015, le quotidien britannique Reuters révèle grâce à un sondage que 49% des palestiniens trouvent que l'Autorité Palestinienne est devenue un fardeau pour le peuple palestinien, remettant ainsi en cause sa légitimité. Sur le plan démocratique, certains ministres sont à leurs postes depuis maintenant 11 ans, alors qu'ils ne parviennent pas à changer les réalités du terrain. D'autant qu'aucun successeur à Mahmoud Abbas -agé de 85 ans- qui semble représenter la population palestinienne en Cisjordanie, ne semble émerger [Q.88].

- *Qu'en est-il du soutien politique ?*

o La Jordanie et l'Égypte qui sont des voisins de ces territoires n'apportent pas d'aide concrète, qu'elle soit économique ou autre, aux palestiniens de Cisjordanie et de Gaza. En effet, leur soutien reste diplomatique car les actes suivent difficilement les mots et les appels à la paix entre les deux camps. Plus largement, les pays arabes dans leur ensemble n'expriment qu'un soutien financier –le Qatar finance par exemple des projets de constructions en Cisjordanie - à l'exception de l'Iran qui fournit des armes au Hamas. Le tremplin politique à l'international, qui semble être essentielle à l'Autorité Palestinienne malgré des pouvoirs politiques qui restent limités à l'échelle local, semble donc être hors de portée ; ce qui n'est pas aidé par les conflits internes entre les différentes organisations palestiniennes.

92. Une autre solution que la solution à deux État peut-elle voir le jour ?

- *Un État binational*

○ Tout comme au Royaume-Uni (état multinational), la solution de l'État binationale a parfois émerger lors des périodes de tensions. Elle supposerait une entité gouvernante (par exemple le Parlement britannique et son premier ministre), à la tête de deux états indépendants – l'État d'Israël et l'État de Palestine - lié par cette autorité commune. La dernière fois que cette solution fut proposé remonte aux années 45 lorsque les britanniques avaient proposé un canton juif et un canton arabe, gouverné par une entité britannique indépendante. La proposition avait alors été rejeté par l'ONU, et dès lors (2021) plus aucune proposition officielle d'État binational n'a été faite.

○ Si l'on va directement dans le cœur du sujet, l'État binationale supposerait une paix substantielle (idéologique) et non uniquement politique, qui devrait donner lieu à la reconnaissance d'un État de Palestine viable par les israéliens – peu de chance – et aboutir à une coopération des forces israéliennes et palestinienne – on en est loin – pour être en mesure de créer une gouvernance commune qui coopérerait sur les questions sécuritaires et économiques. Au vu du mur/barrière qui sépare les deux populations, la dérive droitière de l'électorat israélien, les tensions politiques entre les entités palestiniennes, plus largement la continuité d'une lutte idéologique entre les deux parties qui ne risque pas de s'arrêter (et ce malgré des volontés de paix), la mise en place de cette solution me semble complexe.

Un État laïque ?

- *Le fond*
  o Si l'on revient aux accords d'Oslo de 1993, les deux structures se reconnaissent mutuellement, mais dans le premier cas Israël ne reconnaît pas la volonté étatique palestinienne (aucune mention d'un état palestinien n'est présente au sein des accords), tandis que les palestiniens ne reconnaissent Israël que en tant qu'état, et non en tant qu'état juif. Cela peut paraître dérisoire, mais c'est bel et bien représentatif de la lutte idéologique entre les deux partis. Chacun revendique en effet cette terre comme étant la sienne, chacun revendique son indigénéité (le fait de tirer ses origines de ce territoire et non d'un autre). Les premiers proclament ainsi que le territoire est avant tout un territoire juif, tandis que les seconds proclament que c'est avant tout un territoire palestinien, et de surcroit un territoire musulman. Aucun des deux ne veut donc céder sur le caractère religieux qui doit être attribué à l'état.

- *Et ses conséquences*
  o Que ce soit dans la déclaration Balfour ou chez Herzl, la création d'un état a toujours supposé un état juif. Malgré la présence de partis laïques en Israël, la création d'un État tout entier laïcs, ou ni la religion musulmane, ni la religion juive ne serait présente, va donc à l'encontre des revendications palestiniennes (cf. les accords d'Oslo), et

du projet sioniste initiale. Sa mise en place reste donc elle aussi peu probable.

- *Un état juif avec une minorité Arabe*

○ Au vu de l'expansion territoriale israélienne, certains évoquent aussi bien sûr une solution forcée où l'état palestinien ne verrait pas le jour, et ou les israéliens serait par conséquent amener à gouverner la population palestinienne.

Pour ce qui est de la possibilité de la création d'un état palestinien viable, il est vrai que des doutes peuvent largement subsister (cf. question suivante). Mais il semble peu probable que l'état israélien prenne la peine de gouverner les 3 millions de palestiniens présent en Cisjordanie. Entre idéalisme et pragmatisme, la solution à deux états semble donc être la seule qui paraisse être viable.

93. Quels sont les problèmes auxquels fait face la solution à deux États ?

- *Petite liste exhaustive*
- o Une solution à deux états est proposée pour la première fois en 1937 avec la Commission Peel crée par les Britanniques. En pleine guerre civile, la proposition est rejetée par les arabes palestiniens, tandis qu'elle est acceptée par les juifs palestiniens.

- o Le 4 Octobre 1946, Ben Gourion prône que seule une solution à 2 États est viable pour le territoire. De cette déclaration, suis 1 an plus tard l'adoption de la résolution 181 de l'ONU le 29 Novembre 1947 qui est le premier plan de partition adoptée par l'ONU officiellement.

- o On a par la suite les accords d'Oslo en 1993,qui attribuent pour la première fois un territoire appartenant concrètement aux palestiniens afin d'aboutir finalement sur un État viable.
  Pour rappel, ces accords d'Oslo ont traité dans un premier temps les questions qui semblaient pouvoir être résolues sans inconvénient (reconnaissance d'Israël, établissement de l'Autorité Palestinienne), afin d'entamer un processus de paix qui visait à régler dans un intervalle de 5 ans les questions de fonds, détaillés ci-dessous.

- o Cette solution a aussi été évoquée lors des accords de Camp David I et II, avec le Plan Reagan, par Clinton en Janvier 2001 avant de quitter la Maison Blanche, lors de discussions entre Ehud Omer et Mahmoud Abbas en 2007 ; bref, maintes et maintes fois. Toutes les résumer serait trop long, mais je tiens à souligner qu'il est important de les remettre chacune dans un contexte qui leur est propre pour les comprendre.

<u>Mais sur quoi les solutions à deux états ont-elles toujours buté</u> ?

o Une solution à deux états impliquerait deux choses (ce sont les deux problèmes de fonds) :

- Le règlement du **statut de Jérusalem**, en tant que zone internationale, ou partagé entre Jérusalem-Est contrôlé par l'état palestinien et Jérusalem Ouest contrôle par l'État Israélien – ce qui semble être la chose la plus probable si la solution venait à être mise en application. La partition va toutefois avoir du mal à être acceptée par le gouvernement israélien étant donné qu'il faut maintenant 80 sièges sur 120 au parlement israélien – la Knesset - pour pouvoir céder une partie du territoire de la ville sainte, et qu'il y a un large consensus au sein de la population israélienne pour ne pas céder son contrôle – consensus qui n'est pas aussi large pour le prochain contentieux.

- Le règlement du **statut des colonies/implantations** en Cisjordanie, qui doivent être démantelées pour l'un alors qu'elles doivent s'étendre selon le gouvernement actuel, périclitant ainsi au fur et à mesure la présence d'un état palestinien viable.

o Depuis les accords d'Oslo en 1993, les discussions butent donc toujours sur ces deux statuts.

D'autant que la solution à deux états semble plus que compromise aujourd'hui, et ce malgré les revendications plates des acteurs politiques non-israéliens et non-palestiniens. Aucune proposition qui puisse convaincre les deux parties de céder sur l'un des deux points n'apparaît être concrète. Et c'est ainsi que la fameuse solution à deux états, qui reste la seule solution viable pour la majorité, reste un horizon indépassable.

94. Pourquoi l'Autorité Palestinienne souhaite-elle obtenir la reconnaissance internationale d'un État ?

- *Un État existe ?*

o Oui. C'est l'État de Palestine et il est en 2012 reconnu par l'ONU qui lui attribue le statut d' « État non-membre observateur ».

Pour revenir à l'histoire, se tient en 1988, après le début de la première Intifada en 1987, la conférence d'Alger. Lors de cette allocution, l'État de Palestine est proclamé par Arafat et est reconnu directement par 83 états, mais pas par les États occidentaux comme la France ou les États-Unis, qui ne s'engagent pas.

o Après la mort d'Arafat, le nouveau président décide de s'inscrire dans un projet plus politique. À l'issue de son élection en 2006 et face au statu quo qui commençait à s'imposer, Mahmoud Abbas décide de relancer le processus qui s'était arrêté 20 ans plus tôt. Des vagues de reconnaissances venant des pays d'Amérique latine s'opèrent ainsi à partir de 2008, et c'est aujourd'hui 150 États qui le reconnaissent officiellement. Comme on peut le penser, nous ne retrouvons toujours pas parmi ces états de grandes puissances tel que les États-Unis, la France ou le Canada. Les raisons sont autant politiques – Israël est un allié de ces puissances - qu'idéologiques -reconnaître l'état signifie le reconnaître dans ses frontières actuelles. La reconnaissance est donc faite graduellement, mais pas par les pays ayant une réelle influence à l'échelle internationale.

- *Une ressource politique*

o Avoir un état officiellement reconnu permet d'avoir une certaine crédibilité à l'internationale, de rappeler la situation du peuple palestinien aujourd'hui plus' ou moins abandonnée, et de saisir Israël à la Cour Pénale internationale – qu'elle a intégré en 2015 – à propos notamment du statut des colonies/implantations installées en Cisjordanie. L'État de Palestine étant reconnue par l'ONU, il agit donc au niveau international. Il ratifie notamment certains traités internationaux (plus d'une vingtaine en 2014) et fait partie depuis 2017 d'Interpol. Mais son rôle reste limité, et ce notamment à cause de l'impact tangible que peut avoir cette politique sur la vie des palestiniens ; l'ONU n'ayant aucun levier d'action ; les autres états ayant abandonnés depuis bien longtemps.

- *Concrètement*

o Si l'État est reconnu dans les limites actuelles, les palestiniens perdent la possibilité d'une souveraineté sur Jérusalem-Est : « *Je n'accepte pas l'annexion de Jérusalem par Israël. Je ne veux pas rentrer dans l'histoire comme celui qui a vendu Jérusalem* » déclarait Mahmoud Abbas lorsqu'il décida de refuser le Plan Trump.[29]

---

[29] Oberlé, T., 2020. *Mahmoud Abbas annonce rompre «toutes les relations» avec Israël et les États-Unis.* [online] LEFIGARO. Available at:
https://www.lefigaro.fr/international/abbas-annonce-rompre-toutes-les-relations-avec-israel-et-les-etats-unis-20200201.

Donc malgré un pari qui aurait pu s'avérer – peu de chances mais tout de même – être gagnant, l'initiative de Mahmoud Abbas n'a pas abouti et cette activité diplomatique dans l'ensemble peine à convaincre de son efficacité. En manque de légitimité croissant, les palestiniens s'opposent à leurs dirigeants puisque la reconnaissance de divers pays n'entraîne pas une modification des conditions de vie de la population, qui se dégradent au fur et à mesure du temps.

95. Pourquoi les États-Unis et Israël entretiennent-ils une « relation spéciale » ?

- *Stratégie*

o En pleine guerre froide, la coopération stratégique s'est démontrée à partir d'Avril 1956, quand les services secrets israéliens ont fourni aux E.U le rapport soviétique secret dit « rapport Kroutchev. ». Par la suite, pendant la guerre des Six Jours en 1967, Israël étant sous embargo de nombreux pays dont la France, ce sont les E.U qui assurent l'approvisionnement en armes de l'État israélien. Et pareillement en 73. Israël subit de lourde perte pendant la première semaine, jusqu'à l'arrivée des États-Unis qui établissent un pont aérien permettant d'acheminer l'armement manquant à l'État Hébreux.

- *Aujourd'hui*

o *Intérêts militaires* : Israël ayant une des armées les plus développées et poussées technologiquement du monde, les États-Unis ont tout intérêt à collaborer avec eux. Depuis maintenant 50 ans, des accords militaire entre les E.U et Israël sont donc ponctuellement passés. Le dernier en date remonte à 2016, lorsque l'administration Obama a pris l'engagement d'aider Tsahal de 3,8 milliards par an dans la période 2019 et 2028. Malgré d'ailleurs les relations tendues qu'il entretenait avec le gouvernement israélien. Israël demeure ainsi le premier allié des États-Unis dans la région depuis maintenant plus de 60 ans.

- *Intérêts électoraux*

o Mais à ces intérêts militaire viennent bien sûr s'ajouter des composantes politiques, propre à chaque chef d'état. La population juive aux États-Unis (6.6 m) est équivalente à celle en Israël (6.8m). Ainsi, protéger l'État israélien (où en tout cas montrer qu'on veut le protéger) à travers la médiation des accords de paix s'inscrit, avant d'être dans une mouvance idéologique (l'administration Trump étant l'exception), dans un but électoral. La majorité des juifs états-uniens étant démocrates.

Ainsi, au gré des sourires et des poignées de mains, chaque accord de paix plausible reste sous médiation américaine et les E.U utilisent souvent leur droit de veto pour contester les décisions prises à l'ONU pour condamner Israël.

- *Contrairement à ce que l'on peut penser*

o La politique pro-israélienne (au sens propre du terme) de Donald Trump, dont l'idéologie s'inscrit dans le courant du Grand Israël, ne s'inscrit donc pas dans un but électoral. Étant démocrate, les juifs qui habitent les États-Unis appartiennent aujourd'hui majoritairement au second courant de pensée, (même si cela n'a pas toujours été le cas) ce qui va donc à l'encontre de la politique menée par Benyamin Netanyahou, soutenu avec ferveur par l'ancien président Américain.

96. Qu'en est-il de la position française dans le conflit israélo-palestinien ?

« Un peuple d'élite, sûr de lui-même et dominateur », Conférence de Presse du Général de Gaulle, 27 Novembre 1967.

- • *1948-1959 : une certaine coopération*
○ La France attend le 24 Janvier 1949 pour reconnaître le nouvel état israélien, à qui elle livra des armes pendant la guerre de 1948-1949. La guerre d'Algérie convainc la France de resserrer ses liens avec Israël pour contrer l'aide apportée par Nasser au FLN algérien, qui inspire d'ailleurs très tôt le jeune Yasser Arafat. Après les différentes tensions dans la région, la France devient le premier exportateur d'armes d'Israël lors de la crise du canal de Suez en 1956. Puis dans une sorte de continuité, et sous l'impulsion de Shimon Perez, un accord conclue avec le gouvernement français permet aux israéliens d'acquérir le réacteur nucléaire Dimona. Israël se dote ainsi de l'arme atomique et du moyen de dissuasion qu'elle sous-tend. L'acmé de la relation franco-israélienne vient d'être atteinte.

- • *1959 (années De Gaulle) -1969 : tensions*
○ Mais l'arrivée du Général De Gaulle change la donne. Au sortir de la guerre d'Algérie, la présence française au sein du monde Arabe est mal perçue. Le but est alors de retrouver l'influence d'antan et donc se rapprocher du monde Arabe, dont le premier ennemi est Israël jusqu'en 73. L'occasion de montrer ce soutien émerge alors pendant la guerre des Six Jours en 1967, qui marque la

rupture des relations franco-israélienne pour un temps. De Gaulle proclame un embargo sur les armes israéliennes dès le 5 Juin, et qualifie les juifs de « *peuple d'élite, sur de lui-même et dominateur* ». Le soutien se fait alors sûrement ressentir au sein des États Arabes, malgré le soutien internationale porté à Israël cette même année.

- *1969 – Aujourd'hui : Passivité et coopération*

o Globalement, après De Gaulle la France reste spectatrice en appelant banalement au respect des résolutions de l'ONU et du droit international. Sous Mitterrand, en effet, le président de l'OLP Yasser Arafat est reçu à l'Élysée. La visite se passe en Mai 1989, et a le mérite de donner des horizons lorsque Arafat la charte de l'OLP comme étant caduc. Mais au-delà des mots, il est vrai que les actes restent peu concrets. Comme tout pays ne voulant pas réellement prendre parti sans s'attirer les foudres des deux camps, elle cherche à faire office de médiateur. Alors oui, la France est un allié d'Israël pour son avancée technologique, mais sa position sur le conflit israélo-palestinien ne varie pas réellement.
Évidemment, Emmanuel Macron déclare publiquement ne pas soutenir la mise en place de l'ambassade américaine à Jérusalem en 2017, marque d'une rupture de l'impartialité américaine ; mais l'implication reste aujourd'hui, comme bon nombre de pays, attentive. Triste constante universelle.

97. Quelle a été l'influence de Trump sur le conflit israélo-palestinien ?

Le plan Trump

- *Remise en contexte*
  - Des élections législatives sont prévues en Novembre et Mars 2020 pour Israël et les États-Unis. L'hypothèse d'un plan destiné à la réélection des deux candidats arrive donc sur la table et reste soutenue par l'ensemble des journaux internationaux.

    Pour rappel, l'installation de l'ambassade Américaine à Jérusalem-Est coupe tous les liens qu'il y avait entre L'Autorité Palestinienne et Washington. Les représentants palestiniens tels que Mahmoud Abbas ne sont donc pas conviés lors de l'évocation du Plan.

  - Comme nous l'avons vu quelques questions plus tôt, la solution à deux États dépend de deux points essentiels : le statut des colonies/implantations israéliennes ; le statut de Jérusalem.

- *Par rapport aux colonies/implantations*
  - Le plan permet aux israéliens de maintenir la majorité des colonies/implantations présente en Cisjordanie. Les parties manquantes de l'État Palestinien seraient donc relocalisées le long de la frontière israélo-égyptienne, permettant aux israéliens de faire peu de concessions.

- *Par rapport au statut de Jérusalem*
  - Le plan situe la capitale Palestinienne à Jérusalem-Est mais prône le maintien du statut quo actuelle, qui fait

état d'une barrière existante entre les populations Arabes de Jérusalem-Est et les populations Juives de Jérusalem-Ouest.

Par conséquent, bien qu'il puisse garantir un « *accès à la Mosquée Al-Aqsa pour tous* », le plan ne permet pas le contrôle physique de Jérusalem-Est par les palestiniens, qui reste ainsi sous souveraineté israélienne, malgré les revendications palestiniennes.

- *Combien vaut la paix ?*

o Au vu de ce qu'il propose, avec notamment le maintien du statut quo au niveau de Jérusalem, le plan n'était-il pas voué à l'échec ? Sur le plan idéologique et territorial, oui, bien évidemment. Mais sur le plan financier Donald Trump a tapé fort lorsqu'il a promis un soutien de 50 milliards de dollars pour l'Autorité Palestinienne, qui prenait son sens au vu de la dégradation des conditions de vie à Gaza et en Cisjordanie.

Nous savons toutefois que la place des idées dans ce conflit supplante largement l'aspect financier. Rien qu'en évoquant la polarité des relations Trump/Netanyahou et Trump/Mahmoud Abbas, les chances d'aboutissement étaient donc, comme on peut s'en douter, plutôt mince.

La volonté d'entériner progressivement le conflit

- *Le déplacement de l'ambassade américaine*

o Pour marquer son soutien unilatéral aux israéliens, Donald Trump a pris trois décisions principales qui ont marqué la rupture de l'impartialité américaine. Dans un ordre d'importance, la première a été la reconnaissance de la souveraineté israélienne sur le plateau du Golan Syrien, annexé depuis plusieurs décennies par Israël. La seconde, qui n'est pas des moindres mais qui ne reste pas la plus importante, fut la reconnaissance des colonies/implantations israélienne en Cisjordanie comme étant légale. Et la dernière, qui demeure la plus impactante à long terme, fut l'établissement de l'Ambassade Américaine à Jérusalem, faisant des États-Unis le premier pays ayant aujourd'hui reconnu la souveraineté israélienne sur la ville sainte. Pour rappel, lors de sa campagne présidentielle Donald Trump avait promis de déplacer son ambassade de Tel-Aviv : capitale officielle reconnue à l'ONU, à Jérusalem : capitale reconnue par les israéliens. La promesse était forte, ne faisait bien sûr pas l'unanimité, mais elle s'est avérée, le 14 Mai 2018, être réalité.

Ce geste politique règle ainsi de force l'une des questions brûlantes qui fait débat depuis 1948. Jérusalem a toujours été, en effet, sujet à controverse entre Israéliens et Palestiniens. Les premiers estiment que le contrôle de la ville ne peut que supposer des conflits entre les deux entités et donc perturber un statu quo ou les deux communautés peuvent accéder à leurs lieux de culte. Tandis que les seconds considèrent que le contrôle de la ville doit être réparti équitablement avec d'un côté Jérusalem-Est sous contrôle de l'État de Palestine, de l'autre Jérusalem-Ouest sous contrôle de l'État d'Israël avec le maintien du statu quo pour les lieux saints.

o À première vue, ce n'est qu'un simple geste politique, provocateur, et de court terme. Les réalités sur le terrain ne se sont pas modifiées (il y a déjà un clivage spatial entre les populations arabes et juives au sein de Jérusalem) à la suite de ce dernier, tout comme les relations israélo-palestiniennes. Toutefois, lorsque l'on regarde non pas la provocation, mais l'idée porté, les conséquences à long terme restent plus difficile à déterminer. Rappelons que le conflit est passé au second plan pour les acteurs internationaux. Le geste est donc fataliste et irréversible. Irréversibilité d'autant plus confirmée quant à l'heure où j'écris ces lignes, *the president elect* Joe Biden a affirmé qu'il n'allait pas replacer l'ambassade américaine à Tel-Aviv.

o En reposant sur l'entérinement définitif du conflit dans une période charnière, la stratégie a été à la fois brusque mais assez simple pour Trump. En jouant sur une reconnaissance progressive de Jérusalem en tant que capitale d'Israël par l'ensemble des représentants internationaux, le problème de son statut serait définitivement réglé. Et le conflit de même. Cela s'ancrerait ainsi dans les esprits comme quelque chose de normal - comme ce fut le cas avec la création d'Israël en 48 – et serait finalement ratifiée. L'avancée peut paraître seulement idéologique, mais n'oublions pas la place des idées, des opinions, et du politique, au sein de ce conflit. Au final, la seule chose qui soit vraiment restée des accords d'Oslo, malgré les évènements qui l'ont suivis, reste la reconnaissance d'Israël par l'OLP. Dans une approche de long terme, la reconnaissance de

Jérusalem par les Américains a donc, selon moi, je pense été majeur.

- *À la recherche, d'un temps perdu, et d'une reconnaissance des voisins arabes depuis la proclamation d'indépendance.*

o Toujours du côté idéologique, la reconnaissance des pays Arabes est un enjeu dans ce conflit, puisque c'est au début contre eux qu'était menée une guerre. Le conflit a commencé à n'être nommé conflit israélo-palestinien que dans les années 60 avec l'émergence de l'OLP et du Fatah.

o Au cours de son mandat, Trump a eu l'objectif de faire des États-Unis un allié des pays Arabes dans la région. Pour ce faire, le président américain a d'abord mené une politique féroce contre l'Iran ; qui on le rappelle est en conflit avec ses voisins direct, et notamment un, l'Arabie Saoudite.
En accentuant les rivalités, sa stratégie a par suite permis une normalisation des relations entre Israël et les Émirats Arabes Unies, Bahrein, le Soudan, puis dernièrement le Maroc (2020), qui ont tous su intégrer les *accords Abraham* faisant état, entre autres, d'une reconnaissance mutuelle entre ces signataires et Israël.

o Mais l'ancien président américain a aussi mis en œuvre sa stratégie de reconnaissance progressive par une simple logique d'échange. Pour que le Maroc puisse reconnaître l'existence d'Israël par exemple, les États-Unis qui représentent toujours la première puissance mondiale ont reconnu en contrepartie la souveraineté du

Maroc sur le Sahara Oriental, territoire convoité par le Roi.

L'objectif est simple, faire reconnaître l'État d'Israël par ces États Arabes pour que le conflit puisse s'entériner à travers des formalités en devenir. Le panarabisme et dans une dimension plus moderne, la Ligue Arabe, est en crise. L'individualisme de chaque État est donc d'autant plus renforcé. Et Trump a largement su en joué.

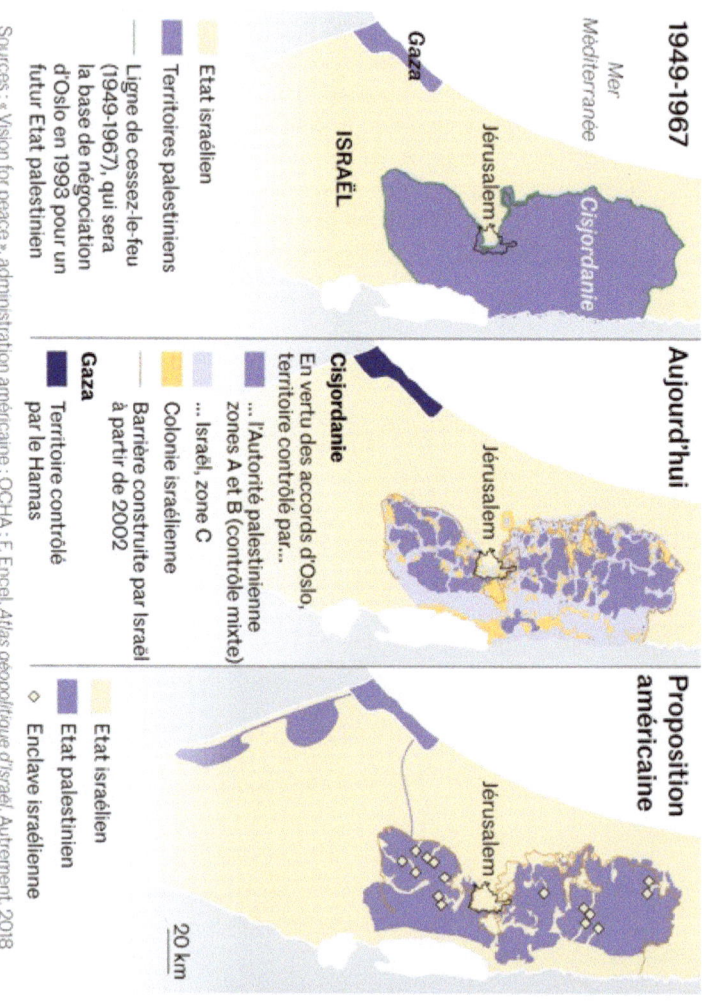

1949-1967

Mer Méditerranée

Gaza

ISRAËL

Jérusalem

Cisjordanie

■ État israélien

■ Territoires palestiniens

— Ligne de cessez-le-feu (1949-1967), qui sera la base de négociation d'Oslo en 1993 pour un futur État palestinien

Aujourd'hui

Jérusalem

Cisjordanie
En vertu des accords d'Oslo, territoire contrôlé par...

■ ... l'Autorité palestinienne zones A et B (contrôle mixte)

■ ... Israël, zone C

■ Colonie israélienne

— Barrière construite par Israël à partir de 2002

Gaza

■ Territoire contrôlé par le Hamas

Proposition américaine

Jérusalem

20 km

■ État israélien

■ État palestinien

◇ Enclave israélienne

Sources : « Vision for peace », administration américaine ; OCHA ; F. Encel, Atlas géopolitique d'Israël, Autrement, 2018

98. Quels sont les caractéristiques du *statu quo* actuelle ? Bilan

- *Un pouvoir amoindri*

o Le Hamas et l'AP ont arrêté les attentats suicides qui devenaient contre-productifs, car semblables à ceux de Daesh ou de l'État Islamique, ce qui nuit l'image donnée à l'international. La 3e Intifada (2015) est donc elle aussi devenue contre-productive, d'autant qu'elle portait plus de revendications religieuses que de revendications nationalistes. La seul voie menant au changement doit donc non pas passer par une lutte armée comme ce fut le cas auparavant, mais par des accords politiques et diplomatiques dont la mise en place reste complexe en raison du poids minime qu'occupent les organisations palestiniennes au sein des instances internationales.

- *Au niveau interne*

o Les institutions palestiniennes sont bloquées, et des tensions entre les différentes organisations subsistent toujours. Autorité Palestinienne et Hamas n'arrivent pas à s'entendre, d'autant que le premier a largement perdu en légitimité depuis 2011. Du côté israélien, Benyamin Netanyahou est depuis 12 ans au pouvoir. Un signe donc d'une dérive droitière au sein de la société israélienne qui élit des gouvernements pour qui le conflit n'est plus, alors qu'il le fut auparavant, sujet à débat.

- *Le statut de Jérusalem semble être bloqué*

o Les Palestiniens revendiquent la volonté d'une souveraineté sur Jérusalem-Est, mais la solution à deux états bloque éternellement sur le statut de la ville Sainte ou des colonies/implantations.

En 2015, une loi israélienne est votée et déclare que 80 voix sur 120 sont nécessaires à la Knesset pour céder une partie de Jérusalem à toute autre puissance, un chiffre qui semble difficile à atteindre. Donc la résolution de cette question par une entente entre les deux parties, au vu de ce qu'elle est actuellement, c'est-à-dire absente, semble être plus que compromise.

- *Un conflit passé au second plan*

o L'Égypte, qui on se rappelle en 1964 était derrière la création de l'OLP, est en paix avec Israël depuis 1978. Le point de Rafah à Gaza est très souvent fermé, et le financement militaire du pays dépend en grande partie de l'aide de plusieurs milliards accordée par les États-Unis depuis 40 ans. Elle n'est donc pas en mesure d'être en mauvaise entente avec Israël. Du côté de l'État Jordanien, il interfère parfois dans les relations israélo-palestiniennes. Mais il est lui aussi en paix avec Israël depuis 1994. Le Plan Trump annoncé en janvier 2020 est soutenu par les Émirats Arabes Unis et les Saoudiens, malgré lui, tandis que l'Égypte et la Jordanie ne prennent pas la peine d'envoyer de vrais représentants.

La raison est simple. La résurgence du conflit sunnite/chiite avec l'Iran est omniprésente; la volonté des états arabes quant à la résolution de ce conflit n'est donc plus d'actualité.

o Du côté des instances internationales, malgré les condamnations à répétition de l'ONU et des réseaux sociaux, Israël entretient des relations diplomatiques avec plus de 155 pays membres, dont les états Arabes.

- *Les deux camps n'y croient plus*

o   En 2015, le Centre palestinien de recherche sur les Politiques et les Enquêtes présents au sein des territoires révèle dans un sondage que 50% des Palestiniens ne soutiennent plus une solution à deux États. Du côté israélien, la situation politique révèle les mentalités. Netanyahou ne supporte plus de solution à deux États concrète et continue d'installer des colonies/implantations en Cisjordanie, périclitant ainsi la viabilité d'un état palestinien.

Gaza

o   Comme vous avez pu le remarquer, la situation à Gaza est plus dégradée qu'en Cisjordanie. Les chercheurs estiment qu'au vu de la croissance démographique actuelle et de la dégradation des infrastructures, la Bande de Gaza deviendra en 2020 un territoire inhabitable. Le but ici n'est pas de faire la généalogie des causes qui ont amené cette situation en vue de désigner un coupable, devenu pour beaucoup un réflexe, une pulsion ; mais plutôt d'analyser les enjeux et les conséquences qu'elle peut supposer.

o   C'est finalement assez simple ; quand un enfant palestinien n'a connu que misère, pauvreté, et haine de son voisin, il y a de fortes chances que sa position ne puisse être modifiée au cours du temps. Bien évidemment, le mur/barrière qui renferme ces 365km carrés de terre n'est lui aussi pas à négliger et reste l'une des causes principales de la situation actuelle. Territoire fermé au monde, la Bande de Gaza reste abandonnée.

Le blocus israélo-égyptien, la croissance démographique forte, la dégradation des infrastructures, donc des conditions de vie au sein du territoire, l'endoctrinement d'une population de plus en plus jeune, et finalement le catalyseur qu'est la crise du coronavirus, ne laisse présager rien de bon ; et le sort de la Bande de Gaza reste largement incertain.

- *Finalement*

o La place qu'occupe ce conflit est à la fois causé par le fond qui peut être tragique, et la forme, à travers les identités qu'il sous-entend. Par identité je renvoie aux sentiments diasporique permit, que l'on soit musulmans, juifs ou chrétiens, par notre foie/notre religion et/ou notre appartenance à un peuple.

Son importance inconsciente tel que retranscrit sur les réseaux sociaux a donc une place prépondérante, certes. Mais la *tendre indifférence*[30] trouve encore ici ses preuves et se confirme par la réalité politique actuelle. L'importance géostratégique et les intérêts pouvant être tirée par chaque pays, qui quoi qu'on en dise constituent la première raison d'agir, ne permettent pas une sortie du statuquo actuelle. Ce qui mène ainsi à la situation

---

[30] Camus, A., 1942. *L'Étranger*. Gallimard, pp.183-184. En référence à la phrase *: « Devant cette nuit chargée de signes et d'étoiles, je m'ouvrais pour la première fois à la tendre indifférence du monde »*

d'aujourd'hui ; à savoir une situation qui stagne depuis plusieurs décennies.

99. Avenir ?

- *Aura-ton un jour deux états cote à cote ?*

Pour l'ensemble des pays ayant un rôle à jouer au Moyen-Orient, l'Iran reste la 1e préocuppation. Une solution, ou même un dialogue, ne peut donc pas émerger puisse prendre place sans un règlement concret de ce contentieux. Le conflit qui autrefois occupait une place prépondérante est passé au second plan et ne peut donc être résolu que par une initiative permise par les États-Unis et Israël. Or, il y a peu de chances que le premier intervienne concrètement au vu de l'échec de l'administration Obama quant à l'établissement d'une paix, ainsi qu'à la non-intervention du récent gouvernement Biden quant au déplacement de l'ambassade de Jérusalem à Tel-Aviv. Pour le second, il faut dire que la dérive droitière de l'électorat israélien depuis le début du 21e est révélatrice. Le conflit n'est plus évoqué par les politiques malgré sa présence continuelle dans les esprits par l'évocation des futures colonies/implantations. Tandis que le rapport de force largement inversé aujourd'hui ne permettent pas qu'une initiative concrète puisse être prise du côté palestiniens ; d'autant qu'ils ne bénéficient plus du soutien d'antan des pays Arabes qui permettaient de soutenir une voix politique amoindri. Il me semble compliqué qu'un plan qui conviendrait aux deux camps puisse donc se créer sans une initiative politique massive, que ce soit au niveau interne, ou plus largement au niveau international. Une solution à court ou moyen terme semble ainsi peu probable.

Pour ce qui est du long terme, qui sait ce qu'il peut se profiler dans une région complexe comme celle-ci. Comment le problème iranien se règlera-t-il ? Y'aura-t-il une guerre israélo-iranienne ? La situation à Gaza va-t-elle aboutir à un problème de réfugiés ? Le Hamas va-t-il partir de la Bande de Gaza ? Quelles pourrait être les changements permis par de nouvelles élections en Cisjordanie ? Aboutiraient-elles à de nouvelles révoltes massives ?

Les débats se tiennent, mais nul ne peut savoir.

0. <u>« Qui suis-je »</u> ?

« Il y a toujours deux histoires dans une histoire ».

Un conflit, par définition, est la confrontation de deux passés. De deux idées dont la conviction s'explique, et non se justifie, par une expérience vécu que l'autre, en face, n'a pas su ou n'a tout simplement pas pu prévoir par ignorance, elle-même justifiée par l'absence d'expérience. Ainsi celui qui éprouve devient légitime par l'issue naturelle de son vécu. Tandis que celui qui ne sait pas l'est tout autant puisqu'il se retrouve à ignorer quelque chose qu'il n'aurait jamais pu réaliser pleinement.
Exemple : un individu, un peu timide sur les bords, tombe amoureux d'une fille qui le rejette parce que ce dernier n'a pas su répondre à ces besoins d'affections. Le premier est légitime de n'avoir pas su agir en conséquence par manque d'écoute ou d'expérience, tandis que la seconde n'a pas su comprendre et appréhender les contours de la timidité. Ce qui sous-tend le conflit est ainsi la légitimité de chacun, qui sert à expliquer les raisons des actes respectifs. Tandis que son intensité s'explique par les

causes qui le produisent. La solution alors, qu'elle est-elle ? Évidemment l'écoute. Le seul moyen d'atténuer le conflit entre ces deux êtres reste l'écoute mutuelle. Pour que chacun non pas comprenne, mais prenne conscience d'une intériorité qui n'a jamais été choisi. Le but étant de combler ce fossé naturelle entre savoir et réaliser.

Sans antisémitisme, pas de migration, et donc absence de conflit. Le raisonnement est simple : l'antisémitisme reste la cause première.

Les juifs venus des pogroms d'Odessa, de Varsovie, de Kichinev, tout comme ceux venus de la Pologne des années 20, de l'Allemagne des années 30, ou de la guerre de 40, ont émigré en Province de Palestine par nécessité. Si beaucoup peuvent discuter de l'aspect politique des choses, peu sont ceux qui oseraient contester l'horreur de ces périodes et les conséquences qu'elles auraient pu engendrer sans migration. Ainsi, si les juifs de ces pays que l'on compte en centaines de milliers, n'avaient pas fui en Province de Palestine, ils seraient mort. Voilà une constatation.

Qui ne serait donc pas amener à faire un lien entre l'autonomie développée par la communauté juive des premiers alyah (1880 – 1920), livré à elle-même, et le poids de leurs persécutions ? Et pareillement, comme si c'était quelque chose de mécanique. Comment voulez-vous que les arabes locaux, majoritaire à ce moment-là au sein du territoire, comprennent le développement de cet autonomie sans connaître ni vivre dans leur chair la situation passé de ces arrivants ?

On comprend ainsi l'origine, des animosités. Les premiers ayant perdu foi en l'autre et cherchant simplement à survivre ; les seconds percevant légitimement un rejet injustifié à leurs yeux. Et les évènements s'enchainent. Les migrations se multiplient, et les conflits évoluent progressivement. La déclaration Balfour vient selon des considérations multiples permettre, et ce légalement, à des centaines des milliers de Juifs qui seraient mort sans elle d'arriver en Province de Palestine. Au mépris d'un peuple à 90% majoritaire en 1917, les arabes, et ce malgré la promesse originelle contenu dans le texte que 'rien ne sera fait qui puisse porter préjudice aux droits civils et religieux des communautés non juives en Palestine'.

À cela s'ajoute une question religieuse, promulgué par un individu : Mohammed Hal Husseini, qui mêlera à la conscience nationalitaire une spiritualité qui a repris sa place grâce non pas à la foi, mais bien à la raison ; la place de Jérusalem au sein de l'imaginaire musulman ayant repris de l'importance au début du 20e siècle. Sans prendre la place de celles qui les précèdent, ces nouvelles aspiration ne se basent donc plus seulement sur l'expérience de chacun, mais bien sur ce qu'il y a de plus intérieur : l'âme. Non pas que je sous-entende que ce soit seulement un 'conflit religieux' comme certains le disent. En aucun cas, et c'est un point fondamental. Cet affirmation supposerait que seul la place de Jérusalem ait influer sur le conflit et que nul autre caractéristique ou évènement ne suppose une animosité entre ces deux peuples. En clair, que ce soit seulement un conflit entre Juifs et Musulmans, et que seul la place ou la domination d'une certaine religion sur une autre serait la cause de toute discorde. Mais je tiens à garder le 'seulement', car nous ne pouvons que constater la réalité : Jérusalem reste aujourd'hui le sujet de désaccord principal.

Alors, quel horizon ? Effectivement, la seul solution de long terme, et non seulement politique par la désinstallation des dispositifs de séparations ou autre, semble bel et bien être un horizon inatteignable. Verrons-nous un jour israéliens et palestiniens coexister en paix? Non, je ne le pense pas. Car si beaucoup, et j'en suis, croient au syncrétisme pouvant être créer à l'issue d'une discussion individuelle. Peu croient en la reproduction de ce phénomène au niveau des deux peuples. Et pareillement d'ailleurs pour une solution politique qui émergerait au sein des instances internationales; qui rappelons-le ne trouvent leur utilité que dans le symbole de paix qu'elles incarnent, et non dans la coopération concrète de ses membres.

Que faire alors. Si le constat est ce qu'il est, à quoi bon ? Abandonner ? Renoncer ? Laisser les distances entre les peuples s'agrandir ? Non, évidemment… Espérer.

Agir pour un idéal, en cela qu'il est un objectif que l'on se fixe et qui trace le chemin à suivre, en essayant selon moi d'expliquer les deux légitimités explicable historiquement. Celle d'avoir simplement tenté de survivre pour les premiers. Celle de s'être senti exclu par l'autre, en plus d'avoir été manipulé par des dirigeants politiques et religieux, pour les seconds.

Comment ? En tachant d'avoir non pas simplement entendu, mais pris conscience de l'aspiration de chacun par l'écoute des expériences qui la permettent. Le but fixé étant de construire le « nous », et non de détruire le « tu », seule voie nous rapprochant d'une solution substantielle et empêchant l'émergence de nouvelles cassures.

« Comme la beauté, comme la vérité, la justice est un rêve, une séduction, un mirage, une illusion. Mais renoncer à la justice sous prétexte d'impuissance à la faire triompher et jeter l'enfant avec l'eau du bain, c'est ouvrir la voie au désespoir et à la barbarie. Nous sommes des êtres imparfaits. Il nous faut, vaille que vaille, courir après l'impossible et chérir l'utopie. » Jean d'Ormesson, Le Guide des Égarés.

Chronologie complète

1000 av J.C :
o   La capitale du royaume juif se déplace à Jérusalem, ou Salomon y construit le 1er Temple sacré juif sur le Mont Moria.

587-586 av J.C :
o   Destruction du 1er Temple par les Babyloniens. Les Juifs partent en exil avant de revenir 50 ans plus tard.

63 av J.C :
o   L'empereur romain Pompée s'empare de la Syrie et de Jérusalem

66 :
o   Les Romains commencent à prélever les impôts dus par les juifs directement sur les trésors du 2nd Temple sacré

68 :

- o Bataille de Beït-Horon ou les juifs repoussent les Romains

70 :

- o Mars-Avril : Titus mate les révoltes et détruit le 2nd Temple juif en y laissant un mur, connu aujourd'hui comme étant le Mur Occidental

130 :

- o Temple édifié par l'empereur Hadrien pour le célébrer lui et Jupiter. Jérusalem est renommée Aelia Capitolina

132-135 :

- o Révolte de Bar Kohba contre les romains. Il finit par être écrasé en 135. Les juifs sont chassés de Jérusalem. La province est désormais nommée province de Palestine.

638 :

- o Le Calife Omar s'empare de Jérusalem et le dôme du Rocher est construit en 685. La mosquée al-Aqsa sera quant à elle construite en 705.

1862 :

- o Publication du premier ouvrage sioniste par le Marxiste Moses Hess, *Rome et Jérusalem. La dernière question nationale*

1881-1884 :

- o Première Alyah (migration) issue des pogroms russe prenant place dans la Russie Tsariste.

o Le mouvement *Les Amants de Sion* est créé en Russie par Léon Pinkser. C'est le premier mouvement sioniste – le sionisme faisant référence au retour du peuple juif en Palestine Ottomane.

1896 - 1897 :
o Parution du livre de Theodore Herzl, *L'État des Juifs.*
o Création de l'Organisation Mondiale Sioniste et adoption du programme de Bâle proclamant que la Patrie Juive doit s'établir en Palestine.

1903 :
o Début de la deuxième Alyah issue encore une fois des pogroms russe.

1915-1916 :
o La Grande-Bretagne s'engage à soutenir la création d'un État arabe pour provoquer des révoltes arabes contre l'Empire Ottoman.
o La Grande-Bretagne signe avec la France les accords de Sykes Picot qui découpent les territoires de l'Empire Ottoman.

1917 :
o 2 Novembre 1917 : Déclaration Balfour. La Grande-Bretagne s'engage à établir un foyer national juif en Palestine.

1919 :

o Conférence de la Paix à Paris ou l'OSM proclamera ses revendications territoriales en Palestine Mandataire Britannique. Échange chaleureux de correspondance entre Haïm Weizmann -président de l'OSM- et le Roi Fayçal d'Irak.

1920 :
o Traité de Sèvres et de San Remo permettant de distribuer les territoires du Moyen-Orient à la France et la Grande-Bretagne. Nous rentrons dans la logique des mandats.

o Émeutes antisionistes lors du Pèlerinage de Nabi Musa à Jérusalem..
o Après la création de Hashomer – première organisation paramilitaire juive-, David Ben Gourion met en place la Haganah pour assurer la défense des communautés juives de Palestine.

1921 :
o Nouvelles émeutes arabes à Jaffa et intervention des troupes britanniques ; plusieurs dizaines de morts juifs et arabes.

1925 :
o Vladimir Zeev Jabotinsky fonde le Mouvement Sioniste Révisionniste (nationaliste) opposé à la ligne socialiste majoritaire de David Ben Gourion.

1929 :
o Émeutes antijuives à Hébron faisant plusieurs dizaines de mort juifs.

1930 :
o Publication du premier Livre Blanc britannique limitant l'achat de terre et l'immigration juive.

1931 :
o L'Irgoun, organisation paramilitaire Juive, est née d'une scission avec la Haganah. Elle est plus radicale et regroupe des militants sionistes inspirés par les idéaux de Vladimir Jabotinsky

1932-1933 :
o Début de la cinquième Alyah. Les migrations s'intensifieront avec la montée en puissance progressive de l'Allemagne Nazi. L'accord Haavara, « de transfert », sera notamment passé entre le Yichouv et le Reich Allemand pour assurer le départ des juifs allemands en échange de leurs biens.

1936:
o Début des Révoltes Arabes de Palestine et création du Haut Comité arabe présidé par le Grand Mufti de Jérusalem.

1937 :
o Création de la Commission Royale pour la Palestine qui propose une scission territoriale (État Juif au Nord et État Arabe au Sud). C'est le Plan Peel, le premier plan proposant une solution à deux états.

1939 :

o   Dans le sillon de la Révolte Arabe, le Troisième livre Blanc britannique est établi pour interdire l'immigration Juive en Palestine ; et promet la création d'un état palestinien dans les dix ans à venir.

1940 :

o   LEHI (« *Combattants pour la liberté d'Israël* ») est créé par Abraham Stern, un ancien membre de l'Irgoun.

1942 :

o   Congrès sioniste mondial réuni à Biltmore et concrétise la forme que le sionisme doit adopter, à savoir la création d'un État juif.

1946 :

o   22 Juillet : Attentat du *King David* à Jérusalem par l'Irgoun. 91 militaires britanniques sont tués

1947 :

o   Affaire du navire Exodus : Bateau affrété par le Yichouv afin de rapatrier 4500 rescapés de la Shoah voulant immigrer en Palestine. Le navire sera stoppé par les britanniques et renvoyer à Hambourg en zone d'occupation britannique.

o   29 Novembre : Résolution 181 de l'ONU approuvé par la majorité qui vise à diviser la Palestine en 8 parties : 4 pour l'État Arabe, 3 pour l'état Juif avec Jérusalem sous statut international pour permettre l'accès aux lieux par tous ceux qui le souhaitent.

1948 :

- o 14 Mai 1948. Le Mandat britannique s'achève et l'indépendance d'Israël est proclamée par David Ben Gourion

- o 14-15 Mai 1948 : Début de la première guerre israélo-arabe entre Israël et : le Liban, l'Égypte, la Transjordanie, la Syrie et l'Irak.

- o 17 Septembre : Le médiateur des nations unies Folk Bernadotte est assassiné par des militants du LEHI, un groupe paramilitaire nationaliste juif

1949 :
- o 23 Janvier : David Ben Gourion est élu premier ministre d'Israël.

- o Février-Mars-Avril-Juillet : Israël signe l'armistice avec respectivement l'Égypte, le Liban, la Transjordanie et la Syrie

- o Établissement de la ligne verte à l'issue des différents accords. Cette ligne verte délimitera les premières frontières d'Israël.

1950 :
- o 24 Avril : Le Roi Abdallah de Jordanie annexe la Cisjordanie

1951 :
- 20 Juillet : Assassinat du roi de Jordanie Abdallah 1er

1956 :
- Crise du Canal de Suez

1964 :
- Création de l'Organisation de Libération de la Palestine (OLP) et publication de sa première charte.

1967 :
- Guerre des Six Jours (5 au 10 Juin) Israël conquiert le Golan, la Cisjordanie, Gaza, et le Sinaï lors de la guerre des Six-jours, ou la Syrie, l'Égypte et la Jordanie avait formé une coalition militaire
- Résolution 242 de l'ONU est adoptée mais pas respectée
- 27 Novembre : De Gaulle déclare que les juifs désigne tun « peuple d'élite, sûr de lui-même et dominateur ». Il décide d'établir un embargo sur les armes contre Israël, dès le premier jour de la guerre des Six Jours.

1968 :
- Nouvelle de charte de l'OLP

1969 :
- Novembre : Les accords du Caire permettent à l'OLP d'avoir la main mise sur les camps de réfugiés palestiniens situés au Liban.

1970 :
- Tentative de renversement du roi Hussein de Jordanie (Juillet-Août) par Arafat.

o   Détournement de Dawson's Field -détournement d'avions- par le FPLP (orgnisation membre de l'OLP).

o   Septembre 1970 : Opération *Septembre Noir*. Répression du Royaume Jordanien face aux fedayins de l'OLP.

1971 :

o   28 Novembre : Assassinat par un commando palestinien du Premier Ministre Jordanien Wasfi Tall, Les relations entre Jordaniens et Palestiniens sont d'autant plus détériorés

1972 :

o   5 Septembre : Attentat contre 11 athlètes israéliens aux Jeux Olympiques de Munich

1973 :

o   7 au 24 Octobre : Guerre de Kippour, quatrième Guerre Israélo-Arabe. Israël essuie au début de lourdes pertes, mais finit par l'emporter grâce au pont aérien établi par les États-Unis.

1974 :

o   Reconnaissance de l'OLP en tant que représentant légitime du peuple palestinien par l'ONU, puis par les États Arabes lors du Sommet de Rabat.

1977 :

- Arrivé au pouvoir de Menahem Begin et de son partie le Likoud après 29 ans de gouvernance socialiste en Israël.
- Sadate se rend à Jérusalem. L'Égypte est le premier pays à reconnaître l'État Hébreu parmi les membres de la Ligue Arabe.

1978 :

- Mars : Création de *Shalom Akhshav*

- Accords de Camp David 1 signés sous médiation américaine entre Israël et l'Égypte,

- Massacre de la plaine Côtière suivi de l'Opération Litani ou Tsahal prend possession du Sud Liban et détruit certaines infrastructures de l'OLP. L'opération durera moins d'un mois.

1979 :

- Signature du traité de paix israélo-égyptien prévu lors des accords de Camp David I
- Accusé d'avoir abandonné les palestiniens, l'Égypte est exclu de la Ligue Arabe après avoir signé les accords de Camp David I

1980 :

- 30 Juillet : La loi fondamentale israélienne est proclamée et déclare « Jérusalem, entière et unifiée, capitale d'Israël ». Jérusalem est donc considérée comme la capitale d'Israël par Israël. L'ONU reconnaît Tel-Aviv.

1981 :

- Assassinat du président Anouar el-Sadate

1982 :

o 6 Juin : Début de l'opération *Paix en Galilée* au Liban, qui se trouvera être finalement une invasion

o 14 Septembre : Le président libanais chrétien Bachir Gemayel est assassiné.

o 16 Septembre : Les massacres de *Sabra* et *Chatila,* commis par des milices chrétiennes, font près de 1500 morts Palestiniens.

1987 :

o 8 Décembre : Début de la Première Intifada à Gaza. Rupture entre les palestiniens de l'intérieur et de l'extérieur.

o Le Mouvement Moujamma Al-Islami, à la base crée par Ahmed Yassine en 1973, devient le Hamas

1988 :

o Déclaration de l'indépendance de la Palestine à Alger par Yasser Arafat. L'année suivante, 83 pays (aucun pays occidental) reconnaissent l'état proclamé. La conférence prône une solution à 2 États ce qui permettra d'amorcer une discussion avec les E.U et d'aboutir aux pourparlers de Madrid en 91.

1990 :

o Invasion du Koweït par l'Irak. Les pétromonarchies s'écartent de l'OLP au regard du soutien d'Arafat à Sadam Hussein

- o Début de la guerre du Golfe opposant l'Irak de Sadam Hussein à une coalition internationale composant notamment les États-Unis et l'Arabie Saoudite

1991 :
- o Janvier-Février : Fin de la Guerre du Golfe
- o Octobre : Ouverture de la Conférence de Madrid
- o Décembre : Annulation par l'ONU de la résolution 3379 assimilant le sionisme à une forme de racisme

1993 :
- o 13 Septembre : Les accords d'Oslo sont signés sous médiations américaines. Ils permettront la signature de deux autres accords intérimaires.

1994 :
- o Établissement de l'Autorité Palestinienne par la signature de l'accord intérimaire de Jéricho-Gaza.
- o Signature d'accord de paix entre la Jordanie et Israël

1995 :
- o 28 Septembre : Les accords intérimaires d'Oslo II délimitent l'autorité des deux partis sur trois zones situés en Cisjordanie: A, B, C

- o 4 Novembre : Assassinat de Yitzhak Rabin par le militant religieux juif d'extrême droite, Yigal Amir.

1996 :
- o Février : Israël signe des accords de coopération stratégique avec la Turquie.

- o Vagues d'attentats meurtrier commis par le Hamas
- o Mai : Défaite électorale de Shimon Perez et arrivée de Netanyahu au pouvoir pour la première fois.

1999 :
- o 4 Septembre : Accords israélo-palestinien de Charm el-Cheikh sous médiation Jordanienne

2000 :
- o Les négociations de Camp David 2 butent sur les questions restées en suspens à Oslo
- o Septembre : Début de la 2nde Intifada, l'« Intifada Al-Aqsa », qui durera jusqu'en 2005
- o Les autorités israéliennes interdisent aux israéliens l'accès à l'esplanade après une escalade de tensions

2002 :
- o Avril : Opération Rempart qui conduit à une occupation des territoires de la zone A.

2005 :
- o Israël quitte Gaza sous l'initiative du gouvernement d'Ariel Sharon. Fin de la 2nde Intifada

2006-2007 :
- o Prise de la bande de Gaza par le Hamas qui tuera 160 Palestiniens du Fatah après que ces derniers aient refusé leur défaite.

2008 :
- o Première opération israélienne à Gaza depuis son retrait en 2005 : « Opération Plomb Durci »

2009 :

o   Élection de Benyamin Netanyahou au pouvoir, pour une durée encore indéterminée (2020)

2012 :

o   Deuxième opération israélienne à Gaza depuis son retrait en 2005 : « Opération Pilier de Défense »

2014 :

o   Troisième opération israélienne à Gaza depuis son retrait en 2005 : « Opération Bordure Protectrice ». Ce fut la plus importante en terme économiques et de mort civil.

2015 :

o   Octobre : Début de la 3e Intifada dite « Intifada des couteaux ».

2016 :

o   Signature d'accords militaire entre les États-Unis et l'État Hébreux, qui touchera 3.8 milliards de dollars par an entre 2019 et 2028.

2017 :

o   Fin de la troisième Intifada débuté en 2015
o   Élection de Donald Trump face à Hillary Clinton. Le soutien américain à Israël devient unilatérale.
o   Accords entre l'Autorité Palestinienne et le Hamas pour pouvoir coopérer.

2018 :
o   Tentative d'assassinat du premier ministre de l'Autorité Palestinienne à Gaza par le Hamas (selon l'autorité palestinienne)
o   L'ambassade des États-Unis est déplacée à Jérusalem

2019 :
o   Élection démocratique israélienne ou Netanyahou est élu. Son projet est un projet d'expansion et s'inscrit dans la vision du *Goush Emonim* (Grand Israël)

2020 :
o   Élection de Joe Biden qui réattribue $235 millions de dollars à l'UNRWA après les coupures de Donald Trump qui avait largement réduit ce montant.

2021 :
o   Mai 2021 : Escalade de tensions entre Israël et le Hamas.

Cartes

1. Middle East Eye édition française. n.d. *Vieille ville de Jérusalem : comment le passé de la Palestine est lentement effacé.* [online] Available at: https://www.middleeasteye.net/fr/en-bref/vieille-ville-de-jerusalem-comment-le-passe-de-la-palestine-est-lentement-efface, *Vieille ville. [Q.1]*
2. Lhistoire.fr. n.d. *16 mai 1916 : l'accord "Sykes-Picot".* [online] Available at: https://www.lhistoire.fr/carte/16-mai-1916-laccord-sykes-picot. [Q.12]
3. Lhistoire.fr. n.d. *Avril 1920 : la conférence de San Remo, le partage de l'Empire ottoman.* [online] Available at: https://www.lhistoire.fr/carte/avril-1920-la-conf%C3%A9rence-de-san-remo-le-partage-de-lempire-ottoman. [Q.12]
4. Fr.wikipedia.org. n.d. *Commission Peel — Wikipédia.* [online] Available at: https://fr.wikipedia.org/wiki/Commission_Peel. [Q.15]
5. En.wikipedia.org. n.d. *United Nations Partition Plan for Palestine - Wikipedia.* [online] Available at: https://en.wikipedia.org/wiki/United_Nations_Partition

_Plan_for_Palestine_. *La carte montré est la carte du plan originelle. [Q.20]*

6. Lhistoire.fr. n.d. *Israel : Évolution des frontières, du partage de l'ONU aux accords d'Oslo (1947-1993) | lhistoire.fr.* [online] Available at: https://www.lhistoire.fr/portfolio/israel-%C3%A9volution-des-fronti%C3%A8res-du-partage-de-lonu-aux-accords-doslo-1947-1993.
    Ligne Verte [Q.24]

7. Services.la-croix.com. n.d. *Le plan Kerry en cartes.* [online] Available at: https://services.la-croix.com/webdocs/pages/longform_plan_kerry/.
    [Q.24]
    Evolution territoriale entre 1967 et 2013. La carte est tiré du Plan de Paix initié par le secrétaire d'État sous Obama, John Kerry.

8. Geoconfluences.ens-lyon.fr. n.d. *Le canal de Suez, les nouvelles dimensions d'une voie de passage stratégique — Géoconfluences.* [online] Available at: http://geoconfluences.ens-lyon.fr/informations-scientifiques/dossiers-thematiques/oceans-et-mondialisation/corpus-documentaire/canal-de-suez-strategique.[Q.32]*

9. Courrier international. n.d. *Guerre des Six-Jours. 1967, l'année qui allait changer Israël et sa société à tout jamais.* [online] Available at: https://www.courrierinternational.com/article/guerre-des-six-jours-1967-lannee-qui-allait-changer-israel-et-sa-societe-tout-jamais. [Q.37]

10. BBC News. 2019. *Israel and the Palestinians: Can the settlement issue be solved?.* [online] Available at:

https://www.bbc.co.uk/news/world-middle-east-38458884. *La carte date de 2019. [Q.65]*

11. The Economist. n.d. *Israel's growing settlements force stark choices about its future.* [online] Available at: https://www.economist.com/graphic-detail/2019/02/02/israels-growing-settlements-force-stark-choices-about-its-future. [Q.67]

Ouvrages utilisés

Aaronsohn, R. and Trimbur, D., 2008. *De Balfour à Ben Gourion.* Rennes: CNRS Éd, p.517.

Anziska, S., 2018. *Preventing Palestine.* Princeton University Press, p.319.

Black, I., n.d. *Enemies and neighbours, Arabs and Jews in Palestine and Israel, 1916-2017.*
Penguin Books, p.486.

Dakhli, L., 2016. *Le Moyen-Orient, fin XIXe-XXe siècle.* Paris: Éditions Points.p.452

Encel, F. and Nicolas, A., 2018. *Atlas géopolitique d'Israël.* Paris: Autrement, p.91.

Herzl, T. and Klein, C., 2003. *L'État des Juifs.* Paris: La Découverte, p.172.

Lescure, J., n.d. *Le conflit israélo-palestinien en 100 questions.* Paris : Éditions Tallandier, p.368.

1994. *Gaza-Jéricho*. La Tour-d'Aigues: Éd. de l'aube, p.171.

Autre

Delanoë, I., 2010. *La Russie et Israël*. Paris: Fondation pour la recherche stratégique, p.35.